雷锋
神走向世界

2024

论坛论文集

主　编◎秦国
副主编◎陈　旷
凤

湘潭大学出版社
XIANGTAN UNIVERSITY PRESS

目 录

特邀嘉宾主旨演讲篇

充分认识雷锋精神属于世界的内涵和意义…………………… 王伟光 / 3

雷锋：人类美好的向往 ………………………………………… 陶 克 / 6

以雷锋精神助推人类命运共同体的构建 ……………………… 向玉乔 / 10

弘扬雷锋精神时代价值 推动雷锋精神走向世界……………… 余旭阳 / 13

“和平方舟”：将雷锋精神播散世界…………………………… 张兰梅 / 16

在构建人类命运共同体中弘扬雷锋精神 ……………………… 傅云辉 / 19

赓续新时代雷锋精神 用医者仁心书写大爱无疆……………… 朱 伟 / 21

弘扬雷锋精神 彰显国企担当………………………………… 江 威 / 24

用雷锋精神的时代内涵诠释雷锋精神走向世界的必然性 …… 李天文 / 27

雷锋精神走向世界：时代内涵、价值意蕴、实践路径………… 徐志坚 / 32

雷锋精神走向世界的必然性 ………………………………… 李小舟 / 36

传承雷锋精神 让爱传遍世界………………………………… 安斯寿 / 42

讲好雷锋故事 展现中国形象………………………………… 李逢秋 / 45

立足岗位学雷锋 争做时代螺丝钉…………………………… 罗慧玲 / 48

论坛征稿优秀论文篇

雷锋精神在人类文明新形态中的价值 …………………………… 曾长秋 / 55

向世界讲好中国故事

——以雷锋精神海外传播为例 ……………………………… 李师孟 / 60

习近平总书记关于雷锋精神的重要论述研究………… 黎丽菁,贺一松 / 69

新时代高校青年学习弘扬雷锋精神效能提升研究…… 王栓萌,李　赞 / 75

传承雷锋精神　丰富人民精神世界的三维解读:规律、价值与路径

……………………………………………………………… 杨伟佳 / 91

赓续红色血脉:从延安精神到雷锋精神…………………………… 赵德文 / 97

丹青讴歌雷锋精神 ……………………………… 吴继金,贾向红 / 106

赓续雷锋精神　争做民族复兴之路上的好青年 ……………… 解　帅 / 113

雷锋精神助力辽宁全面振兴的时代价值与实践路径

……………………………………………………… 闫　萍,甘洪沛 / 118

雷锋精神的历史溯源、道德内核与时代力量 ……………… 王　刚 / 126

中国式现代化视域下雷锋精神与共产党人使命担当的内在关系

…………………………………………………… 王荣亮,罗　馨 / 137

论墨家思想同雷锋精神的内在契合…………………………… 吉振峰 / 146

让雷锋精神在新时代绽放更加璀璨的光芒………………… 张仲国 / 154

雷锋精神生成机制的深度挖掘

——读邓建伟先生新著《雷锋精神生成机制的社会学研究》

…………………………………………………………………… 王学荣 / 160

雷锋精神与党性教育融合路径探索 …………………………… 刘 川 / 164

新时代高校思想政治教育中雷锋精神教育创新路径探析 …… 雷祖军 / 171

新时代弘扬雷锋精神的价值旨归与实践路径 …… 马 丹,刘朱曼新 / 176

新时代雷锋精神在广西赓续传承的四维价值 ……… 宁克峰,辛立章 / 184

新时代以雷锋精神推动中国式现代化研究 …………………… 刘 玄 / 191

《雷锋日记》中的自我批评及其当代价值 …………………… 杨 涛 / 199

悟雷锋精神 讲中国故事

——从《信念之子:雷锋》看中国话语走向世界的文学路径

…………………………………………………………………… 薛守瑞 / 205

后记 ………………………………………………………………………… 210

特邀嘉宾主旨演讲篇

充分认识雷锋精神属于世界的内涵和意义

王伟光*

2024雷锋精神论坛的主题是“雷锋精神走向世界”。这个主题定得非常好！在这里，我根据自己的观察和研究，谈三点看法。

一、雷锋精神蕴含着人类共同的价值追求

2月21日，我和戚建国上将应邀到抚顺市参观调研，看到那里的雷锋纪念馆里挂着不少美国军人来华参访“雷锋团”的照片，其中有个美军上将名叫雷蒙德·奥迪尔诺，他看了雷锋的事迹介绍以后，感慨雷锋是个了不起的好兵，夸奖培养出雷锋的部队“是一支专业的、值得信赖的、致力于为人民服务的部队”。这样的评价或许是站在资本主义政治立场上的评价，但不乏合理之处。这，让我想了很多。由于意识形态不同，美国和美军一些上层人物一直反华反共，但他们却夸赞毛泽东培树的好兵典型雷锋，这是一个很有意思的现象。雷锋精神除了蕴含共产主义世界观、人生观和价值观，也体现出人类共同的价值追求。抚顺雷锋纪念馆的同志告诉我，抚顺雷锋纪念馆已接待60多个国家20余万人次的国际友人。翻开参观留言簿，上面密密麻麻地写满了各国来访者留下的各种语言的文字，展现着他们对雷锋事迹的敬慕和对雷锋精神的认同。在这之前，我多次来湖南，两次踏访雷锋的家乡望城，并参观了湖南雷锋纪念馆，了解到该馆60年来接待的外国来宾超过12

---

* 作者系中国社会科学院原院长。

万人次。我感觉到，整个长沙特别是望城处处充溢着雷锋文化元素。从《雷锋》杂志总编辑陶克将军应邀赴英国全国自由俱乐部宣讲雷锋精神，到国防大学来自55个国家的120多名军官聆听“雷锋文化与人类命运共同体”线下报告；从欧盟各国代表专门组团到抚顺雷锋纪念馆参观访问，到抚顺“一带一路·雷锋同行”雷锋展览走进马来西亚；从雷锋肖像登上联合国邮票，到入选两项世界吉尼斯纪录。雷锋的故事被越来越多国家的人民所熟知，雷锋自觉参与公益服务的做法被越来越多的国家所认同。学雷锋志愿服务正成为世界志愿服务体系的重要组成部分。正如英国汉学家米兰·卡佩汤所说：“中国的雷锋，为人类健康发展提供了一个有意义的探索。”雷锋用平凡而伟大的一生回答了“人为什么活着，怎么活着才是幸福的”这个人类文明进程中人们不断探索的命题。正是从这个意义上说，雷锋精神属于整个人类文明世界。

二、雷锋精神属于世界人民

习近平总书记提出的构建人类命运共同体理念，继承和发展了马克思主义“自由人的联合体”思想。马克思、恩格斯在《共产党宣言》中指出：“代替那存在着阶级和阶级对立的资产阶级旧社会的，将是这样一个联合体，在那里，每个人的自由发展是一切人的自由发展的条件。”马克思主义“自由人的联合体”思想经历了从前资本主义社会的“自然的共同体”，到资本主义社会的“虚假的共同体”，再到共产主义社会的“自由人的联合体”这一历史演进过程，其中包含着从分散的、地域的、民族的历史向共产主义世界历史转变的必然性，体现了从阶级剥削对立社会向消灭阶级差别、阶级对立社会的人类历史社会形态的演进规律。世界历史终究将要走向共产主义的“自由人的联合体”，也就是“人类命运共同体”，这是历史发展的必然趋势。马克思主义“自由人的联合体”思想，为人类命运共同体理念奠定了坚实的理论基础。

值得注意的是，体现人类命运共同体的共同价值追求的雷锋精神的公德元素，激活了各民族传统文化和价值的优秀基因，汇聚起人类共建美好生活的最大公约数。西方有“人人为我，我为人人”的名言，东方有“各美其美，美人之美，美美与共，天下大同”的思想，雷锋有“活着，就是为了使别人活得更好”的理念。人类命运共同体理念不仅弘扬了中华优秀传统文化基因，也激活了各个民族的优秀传统文化，激活了人类共同的价值记忆。正因为这样，人类命运共同体理念提出后，受到国际社会高度关注和欢迎，引发世界共鸣。马克思、恩格斯指出：“一切划时代的体系的真正的内容都是由于产生这些体系的那个时期的需要而形成起来的。”正因为与时代同频共振，人类命运共同体理念才具备直抵人心的力量，成为引领时代潮流和人类前进方向的鲜明旗帜。雷锋精神广泛而深远的国际影响充分表明，走向世界的雷锋精神，有利于推动构建人类命运共同体，为建设更加美好的世界注入正能量。

三、弘扬雷锋精神具有促进世界文明发展的作用

陶克将军应邀到英国讲授雷锋精神时，一个英国学者提问：“雷锋，一个苦难的孤儿，为什么成为人类大爱的典范？”一个在中国工作的日本企业家宫崎博根据自己的观察回答了这个问题，他说：“为人类服务，为社会服务，追求幸福和完美，这是人类的共同价值追求。雷锋精神就体现了这一点，所以雷锋精神是属于人类的，永存的。”在他看来，雷锋精神是集中体现中华文明道德的人文符号。雷锋精神的形成与发展始终镌刻着中华优秀传统文化的深深烙印。“天下兴亡，匹夫有责”“敬业乐群”“己欲立而立人，己欲达而达人”“鞠躬尽瘁”“大公无私”等中华优秀传统文化所蕴含的精神品质，为雷锋精神提供了深厚的滋养。当前，世界正经历百年未有之大变局，各种安全挑战层出不穷，世界经济复苏步履维艰，全球发展遭遇严重阻碍。是和平还是战争？是发展还是衰退？已经成为摆在我们面前的时代之问。60年前雷锋的一则日记，至今仍发出阵阵时代回响：“如果你是一滴水，你是否滋润了一寸土地？如果你是一线阳光，你是否照亮了一分黑暗？如果你是一颗粮食，你是否哺育了有用的生命？如果你是一颗最小的螺丝钉，你是否永远守在你生活的岗位上……”这充满深刻哲理的“七问”，启示我们身体力行，团结一心，凝聚力量，去努力实现天下为公、向上向善向阳的全人类共同价值追求，推动构建人类命运共同体，丰富和发展人类文明新形态。这正是雷锋精神走向世界的意义所在。

由于时间关系，我先讲这些，是为抛砖引玉，请大家继续研究和探讨。

雷锋:人类美好的向往

陶　克*

2024雷锋精神论坛聚焦“雷锋精神走向世界”,这是人们久久的期盼,也是雷锋精神传播60多年的巨大影响所致。

(一)

“雷锋属于世界”,早在34年前就成为许多人的共识。1990年2月2日早晨6时半,中央人民广播电台在每天最重要的“新闻与报纸摘要”时段,向世人传播了一个使人惊诧的信息:“雷锋属于世界”。同一天,这个醒目的标题出现在全国许多报刊上。文章是由新华社记者郑国联采写的。他写道——

慕名到湖南省望城县雷锋纪念馆参观的美国教师吴玉婷,看了雷锋事迹展览后,激动地用中文在留言簿上写道:“雷锋属于世界。”

另一位同时在这里参观的美国朋友詹姆斯接着用英文题词,高度赞扬雷锋精神。

雷锋纪念馆的留言簿上,留下了一串串外国朋友的名字和题词。这个纪念馆自1968 年10月20日建成开放以来,已有38个国家和地区的1.4万多名外国朋友和港澳同胞前来参观。

在北京学习的法国留学生施兰,学成回国前到雷锋纪念馆参观了一个

---

* 作者系解放军报社原副总编辑、《雷锋》杂志社总编辑。

多小时,不时发出敬佩的赞叹。纪念馆工作人员问他:“你是法国人,为什么对雷锋那样敬重?”他回答:“如果我们人类都能像雷锋那样处理人与人之间的关系,那该多好啊!”

在上海学习的美国留学生温戴免克,专程到雷锋纪念馆参观。他在被问到向雷锋学习什么时说:学习雷锋对待事业的态度、学习雷锋刻苦学习的钉子精神,学习雷锋关心人、爱护人、支持人、理解人的品质。他说,这些精神都是人类应该有的。他表示要和更多的人一起,把雷锋精神弘扬到全世界。

34年后,湖南雷锋纪念馆接待外宾已经超过12万人次,到抚顺雷锋纪念馆参观的外宾已经达到20多万人次。有留言记录的国家达70多个。

(二)

在传播雷锋精神的过程中,我多次近距离和外国人接触。先说《纽约时报》记者走进《雷锋》杂志社。2015年7月,出版史上第一本以人名命名的杂志《雷锋》在北京问世了,《纽约时报》对此进行专访。文中写道:

退休的少将,现为《雷锋》杂志社总编辑,他举着新创刊的《雷锋》杂志,在一个年轻的英雄肖像和关于雷锋的题词下接受本次专访。

雷锋已经去世了,但在杂志中他一直活着。一个在60年代成为宣传偶像的无私士兵在中国北京西部的一个狭小的办公室里复活了,就在那里,一本由人民出版社指导的新月刊在7月创刊了。

在一个昏暗的电梯大厅的尽头,有一扇门,一打开它就可以看见一面白色的墙壁,上面展示了一个红色的士兵肖像,下面有一句铭文:“人类的美好向往——雷锋。”

杂志社其他工作人员都戴着雷锋的徽章。雷锋——作为杂志的名称,是以毛体字的形式展现的。杂志是想建立一个雷锋研究的体系去捍卫军人的形象和鼓励中国社会中的利他主义。杂志的主要任务是为那些衰落的革命榜样赢得尊重而战斗。

这位美国记者同法新社记者几乎关心着同一个话题,“雷锋和耶稣怎么比?”雷锋已经走出国门迈向世界,《雷锋》杂志的创办能够架起国际舞台多元文化体系融合的新纪元吗?

另一次,在英国威廉首相故地举行雷锋宣讲。2017年3月,我的专著《告诉你一个真实的雷锋》英文版在伦敦发行,英国人选择在威廉首相故地、英国全国自由俱乐部举行,我在发行仪式上作了《告诉你一个人间奇迹》的演讲。

雷锋去世时年仅22岁。他的一生用一个词来表达,那就是“好人”。雷锋,是人类美好的向往。雷锋生长在有着5000多年中华优秀文化的土壤上,他知识面广,喜欢名人名句,广泛吸取人类文明智慧,在他身上闪耀着古今中外先哲们思想的光芒。从雷锋的言行中,我们仿佛看到古今中外先哲们对信仰的坚守、对仁爱的追求。

演讲开始时,台下的听众似乎一个个双目无神,但随着我的演讲不断深入,他们听进去了,眼里也有光了,有的甚至在抹眼泪。

演讲结束后,不少人上台发表感想。他们围着我要求在书上签名,我带的200多枚雷锋像章被他们一抢而空。

英国汉学家米兰·卡佩汤先生上台发表演讲《苦难的孤儿,仁爱的典范——雷锋何以从大恨走向大爱》。他说:“中国的雷锋,为人类健康发展提供了一个有意义的探索。雷锋从苦难孤儿成长为一个伟大的好人,非常不易。他可以成为千千万万人的榜样。”英国独立党中央委员会执行委员、前党首候选人伊丽莎白·琼斯女士说:“中国的雷锋胸有大爱,太可爱了。我们英国有个南丁格尔,她爱护伤员,犹如女神一般。她就是英国的‘雷锋’。雷锋爱学习,有哲学思想,我很佩服。”

73岁的英国全国自由俱乐部主席莫里斯·罗伯逊侯爵,听完雷锋的故事后说:“将军,可以送我一尊雷锋塑像吗? 我的俱乐部是议员们会友的场所,俱乐部的墙壁上挂满了首相和名流的画像,我要把雷锋塑像也摆在这里,让他们都看看雷锋,让世界更美好!”

爱心无国界,从中国的雷锋到英国的南丁格尔,他们的大爱、奉献、敬业,都会受到敬仰。雷锋和雷锋精神在全世界的传播,使社会主义核心价值观,以充满阳光的、亲和的形象走向世界。

2017年12月18日,中国士兵雷锋诞辰77周年纪念日,下午2点,我在国防大学防务学院的学术报告厅里,为来自55个国家的123名高级军官,讲述了《告诉你一个真实的雷锋》。雷锋的故事同样打动了这些异国军人,他们说:"雷锋具有大无畏的奉献精神,的确应当作为精神偶像来崇拜。"

(三)

习近平总书记说:"交流互鉴,建设一个开放包容的世界。""和羹之美,在于合异。"人类文明的多样性是世界的基本特征,也是人类进步的源泉。雷锋的爱,既有人性的真善美,又有中国式的崇高理想和信仰。

雷锋精神为什么会走向世界呢?因为雷锋是中华民族优秀传统美德的"现代版",雷锋是人类美好的"中国版"。在雷锋身上体现了中华民族自强不息的奋斗精神和厚德载物的美德。雷锋对待职业的螺丝钉精神,成为世界的流行语。雷锋爱学习、善思考,那些富有哲理的名言,对于崇尚"思想者"的西方人具有吸引力。雷锋照片上展示的阳光形象和"做好事"的习惯,有着西方人推崇的那种"赠人玫瑰,手有余香"的绅士风度。特别是雷锋的悲惨身世和平凡而又感人的经历,打动了许多外国人。

作为一个苦难孤儿却有一种博大的胸怀、大爱的情怀,去帮助更多的人一起走向美好。这正是西方人对当今中国人和中国形象的期待。所以,雷锋要走向世界,就要讲好雷锋故事,续写新时代雷锋故事,让世界人民感受到中国的新时代新雷锋。

让我们张开双臂欢迎外国朋友加入学雷锋队伍中来,建立人类命运共同体,我们一起向未来。

以雷锋精神助推人类命运共同体的构建

向玉乔*

每当春花烂漫时，我国社会各界就会如火如荼地开展丰富多彩的学雷锋活动。我们学习雷锋身上承载的中华民族共同体意识，学习雷锋身上承载的自强不息、乐于助人等中华传统美德，学习雷锋坚持弘扬集体主义精神、全心全意为人民服务等社会主义先进道德。

雷锋精神早已成为中华文明的重要精神标识，但并不是所有人都认识到了这一事实。中华文明有五千多年发展历史，形成了丰富多彩的精神标识和精深厚重的文化精髓。中华文明的精神标识有人物性精神标识、物品性精神标识、事件性精神标识、思想性精神标识、语言性精神标识等具体形态。雷锋精神属于中华文明的人物性精神标识。雷锋和雷锋精神已经被刻写成中华民族的集体记忆，也已经成为中华文明的重要精神标识。

我们需要思考的问题是，受到中国人民高度价值认同的雷锋精神能否走向世界。我认为，雷锋精神应该走向世界，也能够走向世界。雷锋和雷锋精神属于中国，也属于世界。中华民族以雷锋和雷锋精神为荣，也应该将雷锋和雷锋精神传向世界。推动雷锋和雷锋精神走向世界，既能够让其他国家、其他民族更多、更深地了解中华文化、中华文明，也有助于落实构建人类命运共同体的中国方案。推动构建人类命运共同体，雷锋精神能够发挥一定的助推作用。对此，可以从三个方面加以认识。

---

* 作者系湖南师范大学道德文化研究院院长、教授。

第一，构建人类命运共同体，世界人民应该学习雷锋身上的中华民族共同体意识，树立人类命运共同体意识。所谓人类命运共同体意识，就是世界各国、各民族在命运上息息相关、一荣俱荣、一损俱损的思想观念。雷锋生活在社会主义中国大家庭，具有强烈的中华民族共同体意识。他没有将自己视为孤立的个体，更没有将自己变成自私自利的个体，而是始终将自己视为社会大家庭的一员。他是孤儿，但他不孤单，因为他将自己融入了社会，并且在社会大家庭中找到了强烈的存在感。在当今世界，没有哪个国家、哪个民族能够独善其身，只有树立相互联系、相互依存的意识，才能构建人类命运共同体。

第二，构建人类命运共同体，世界人民应该学习雷锋身上的中华传统美德。习近平总书记指出："中华民族在长期实践中培育和形成了独特的思想理念和道德规范，有崇仁爱、重民本、守诚信、讲辩证、尚和合、求大同等思想，有自强不息、敬业乐群、扶正扬善、扶危济困、见义勇为、孝老爱亲等传统美德。中华优秀传统文化中很多思想理念和道德规范，不论过去还是现在，都有其永不褪色的价值。"自强不息、敬业乐群、扶正扬善等中华传统美德在雷锋身上得到了很好体现。要构建人类命运共同体，世界各国、各民族应该学习雷锋精神所包含的中华传统美德，相互牵挂，相互关爱，相互帮助，命运与共。习近平总书记指出："中国人始终认为，世界好，中国才能好；中国好，世界才更好。"各国与世界的关系也是如此。如果国与国之间、民族与民族之间只有相互敌对、相互矛盾、相互冲突，构建人类命运共同体的理想必定沦为空谈。

第三，构建人类命运共同体，世界人民应该学习雷锋身上承载的集体主义精神。雷锋忠诚于祖国、忠诚于人民、忠诚于中国共产党、忠诚于社会主义制度，时刻把集体利益放在第一位。构建人类命运共同体，世界各国人民应该培养雷锋身上所承载的中国式集体主义精神。习近平总书记指出，人类正处于一个挑战层出不穷、风险日益增多的时代。世界经济增长乏力，金融危机阴云不散，发展鸿沟日益突出，兵戎相见时有发生，冷战思维和强权政治阴魂不散，恐怖主义、难民危机、重大传染性疾病、气候变化等非传统安全威胁持续蔓延。在此背景下，如果世界各国以民族中心主义、民族利己主义的态度生存，自我中心，我行我素，世界必定永无宁日。学习雷锋身上所承载的中国式集体主义精神，能够为世界人民正确认识和处理国际关系、自觉构建人类命运共同体提供有益的启示。

弘扬雷锋精神时代价值 推动雷锋精神走向世界

余旭阳*

习近平总书记强调:“讲好中国故事,传播好中国声音,展示真实、立体、全面的中国,是加强我国国际传播能力建设的重要任务。”作为平凡而伟大的无产阶级战士,雷锋的生平事迹正是极具感染力、吸引力的中国故事,其精神中所蕴含的高尚因子和价值情怀,更是具有跨越国界、经久不衰的思想力量。围绕今天的研讨主题,结合雷锋纪念馆的工作实践,向各位领导、专家作三点交流汇报。

一、从必然性理解

雷锋精神是构建人类命运共同体的重要纽带。雷锋精神之所以在全世界产生广泛影响,主要在于其凝结了优秀文化与先进价值的精华,符合人类文明发展的规律与趋势,具有超越时空的强大生命力。我理解的雷锋精神有三层内涵:一是世界性的文化符号。雷锋精神承载的人性光辉和人文情怀,尤其是关爱互助、和谐包容、无私奉献等优秀品格,越来越得到世界各国人民的认同,成为中华文化彰显于世界舞台的一个特殊符号和典型标识。二是世界性的价值认同。在全球共同价值中,各国人民相知相亲是人类社会的一条主线,也是一条底线。雷锋精神贯穿着这条主线、坚守着这条底线,以信念的能量、大爱的胸怀、忘我的精神、进取的锐气,为真善

* 作者系湖南雷锋纪念馆馆长。

美的主流价值观提供了实践参考。三是世界性的精神坐标。在世界多极化、经济全球化、文化多元化的背景下,人类具有共同利益、共同价值、共同责任。雷锋精神以无与伦比的历史张力,闪烁着人间大爱的精神光芒,饱含着家国情怀、人民情怀和天下情怀。中国人民正在以更基本、更深沉、更持久的文化力量,穿越历史、穿越国度、穿越民族,直面人类生生不息的终极关怀,推进构建人类命运共同体,为人类贡献中国智慧、中国方案、中国力量。

二、从实践上探索

全力打造雷锋精神国际传播交流的宣传阵地。雷锋纪念馆作为精神文明建设窗口和雷锋精神宣传阵地,坚持以弘扬雷锋精神为首位任务,着力抓好四个重点:一是立足文博场馆,擦亮面向世界的宣传窗口。纪念馆开馆61年来,共接待国内外游客5000多万人次,其中外宾12万余人次。了解雷锋事迹后,很多外国友人不仅深切认同雷锋精神,还主动加入学雷锋队伍,形成了"观摩打卡"和"助力宣传"的良性循环。二是瞄准重点群体,播下面向世界的宣传种子。突出留学生这个国际传播的重点人群,联合湖南师范大学开展"留学生诵读雷锋日记"活动,联合长沙学院成立"雷锋精神话语研究中心",来自俄罗斯、印度、马里等数十个国家的留学生走进纪念馆接受现场教学。同时,协同高校将雷锋事迹融入留学生课堂学习及课外宣教,推动雷锋精神的种子播向世界。三是融入志愿服务,丰富面向世界的宣传载体。成立正兴学雷锋志愿服务中心,累计组建25支志愿服务队,招募志愿者3126人,开展志愿服务活动4200场,一大批外语专业的志愿者走进纪念馆开展志愿服务,用不同语种翻译和讲述雷锋故事,受到外国友人的"点赞"。四是发挥网络优势,拓展面向世界的宣传平台。积极探索雷锋精神国际传播的新方式,携手百胜餐饮集团打造肯德基雷锋主题餐厅,依托纪念馆视频号推出"雷锋精神属于世界"系列作品,借力学习强国平台开设《向世界讲好雷锋故事》专栏,不断拓展传播渠道、提升传播效能,形成了日益扩大的雷锋精神国际"朋友圈"。

三、从使命思考

更深层次推动新时代雷锋精神走向世界舞台。新时期，向世界传播雷锋精神，既需要把基础工作做实，更需要把创新途径拓宽。借此提三点建议：一是深化雷锋精神研究阐释。结合党的创新理论和民族文化意蕴，不断丰富雷锋精神的文化内涵和时代内涵；结合社会文明实践和社会生活日常，不断总结新特点、探索新规律；结合学术研讨和分享交流，不断加强对经济社会转型期道德领域问题的分析研究，努力推出更多研究阐释成果。二是深化雷锋精神传播交流。进一步创新传播交流的话语表达，讲好中国故事、雷锋故事，同时注重文化融通，学习借鉴他国的“雷锋”经验；进一步创新传播交流的叙事模式，主动在国际舆论场中设置相关议题议程，重点向世界宣传好、阐释好雷锋精神蕴含的世界情怀和人类关怀，全面提升全球叙事效能；进一步构建传播交流的平台载体，深度推动媒体融合赋能，培育壮大民间传播渠道，用好用活场馆阵地资源和学校教育资源，增强传播力和影响力。三是深化雷锋精神现实转化。更加注重把雷锋精神转化为高度的文化自觉、常态的生活方式和过硬的能力本领，使之成为普遍的精神追求和价值取向，真正实现从“解释世界”向“改变世界”的转变。

以上交流汇报，敬请批评指正。我馆将坚持以习近平新时代中国特色社会主义思想为指导，在各级领导、各位专家的关心支持下，深耕雷锋故土、讲好雷锋故事，为弘扬雷锋精神时代价值、推动雷锋精神走向世界作出应有的贡献！

“和平方舟”:将雷锋精神播散世界

张兰梅*

接到论坛举办方的邀请,让我讲讲“和平方舟”的故事,我非常激动,也很开心,回望10年前那段难忘的海上之旅,依然心潮澎湃、热血沸腾,一帧帧、一幕幕难忘的场景浮现在眼前。

2013年6月10日,载有413名任务官兵(其中102名医务人员)的“和平方舟”号医院船自舟山出发,途经南中国海进入浩瀚的太平洋,穿过马六甲海峡进入印度洋,参加文莱“10+8”东盟防长会议及国际人道主义灾难救援联合军演;访问马尔代夫、巴基斯坦、印度、孟加拉国、缅甸、印尼及柬埔寨,并提供国际人道主义医疗服务;为亚丁湾中外护航官兵提供医疗服务;参加多边、双边学术交流;等等,此次任务总行程18174海里,海上航行共118天。很多同志是第一次乘坐大船,有的甚至从未见过大海,兴奋、激动、紧张慢慢消失、取而代之的是乏味、枯燥、焦虑及不适。作为一名有着30多年军龄的老兵,“和谐使命-2013”是我有生以来参加过的最重大的军事外交活动,时间之长、任务之重、形式之多、压力之大,均是难以想象的。在医疗服务中,我充分体验到医生的责任与担当是高质量完成医疗任务的重要保证,有责任、敢担当,才能更好地开展国际人道主义医疗服务,彰显我负责任大国形象。

经过文莱救灾演练、马尔代夫多岛巡诊、亚丁湾为护航官兵服务,我们

---

* 作者系解放军第306医院原妇产科主任。

迎来了此次任务中医疗任务最繁重、工作最艰苦的日子。抵达巴基斯坦,这里是对我们真正考验的开始,不仅仅是身体上的,更是对我们的知识、能力及责任担当的考验。从巴基斯坦开始,到孟加拉国、缅甸,门诊量逐日上升,最高的一天,门诊量达到了数千人次。伴随着门诊量的剧增,我们不可避免地遇到了更多的疑难、复杂病例。对这些患者的处理不仅要耗费大量的时间,更是对知识、能力,责任心以及勇气的考验。能否处理好这些疑难、复杂病例,直接关系到“和谐使命”任务完成的质量,关系到中国军医的国际形象。在任务中,我始终遵循“患者至上”的准则,用真诚的爱心、精湛的技术,用勇气和担当展示中国军医的风采。在航行中,我不顾晕船的不适,认真准备着学术交流课件;在巴基斯坦,我不顾工作一天的疲惫,彻夜为怀孕6次、孩子全部死于罕见疾病的表兄妹夫妻查找资料;在医院船上,我完成了此次任务中的首例腹腔镜手术;在孟加拉国,我为患腹部巨大肿瘤的老人实施卵巢肿瘤切除术,为难产的孕妇实施剖宫产;在缅甸,我为贫血的妇女实施子宫切除;在印尼,我为放环20多年的患者取出残留在宫腔的节育环……此次任务中所开展的10余例妇科手术中,多例都是“和平方舟”号医院船执行任务以来的首例手术:首例妇科腹腔镜手术,首例全子宫切除手术,首例腹腔巨大肿瘤切除术,等等。这些手术的成功实施不仅为患者解除了病痛,也为今后医院船开展大手术积累了宝贵的经验。

这些工作在平时也许算不得什么,然而在“和谐使命”这一重大军事外交任务的背景下,在异国他乡人生地不熟的环境下,在海外医疗服务的特殊条件下,完成这些任务,医生所要承担的巨大压力及遭遇的种种困难均是常人难以想象的。完成这些任务,不仅需要医生有高超的手术技巧,更需要巨大的勇气及不惧风险、勇于担当的精神。正是凭着这种精神,我们圆满地完成了各项医疗任务,在为患者带来健康与平安的同时,也赢得了各国民众对中国军医的感谢与尊敬,赢得了东南亚人民对中国人民的深情厚谊。

2013年11月,菲律宾遭遇“海燕”超强台风袭击,人员伤亡惨重。“和平方舟”在刚刚完成125天“和谐使命”任务的情况下,受命紧急驰援,48小时内完成1400余种医疗物资、100多台携行医疗设备和人员集结。为争取更多时间营救生命,“和平方舟”穿过大风大浪,提前抵达灾情最严重的帕罗地区。面对疫情扩散、水质污染、蚊虫肆虐的恶劣环境,医疗队员没有退缩,24小时不间断接诊,连续奋战16天,共接诊伤病员2208例,完成手术44例。

“和平方舟”是中国专门为海上医疗救护量身定做的专业大型医院船,舷号866,由广船国际生产制造,停靠于浙江舟山的军港。该船是世界上第一艘超万吨级大型专业医院船,其搭载的某些医疗设施装备达到三甲医院的水平。“和平方舟”号医院船于2008年底正式列装东海舰队,2009年在海军成立60周年暨多国海军活动中首次公开亮相。在过去的14年中,该船以“和谐使命”系列任务为主要载体,曾9次走出国门,航行24万余海里,相当于绕赤道11圈,累计服务43个国家和地区,治疗23万余人次,拜会和接待国家元首、军政高层230余人次。在历次“和谐使命”任务中,一批又一批医务人员登上这艘大白船,不远万里、救死扶伤,上演了无数感人的故事,彰显了医者的无疆大爱,这不正是雷锋精神的具体体现吗!

助人为乐、无私奉献、扶危助困、勇于创新的雷锋精神是时代精神、民族精神,它不仅影响了一代又一代中华儿女,而且在世界上产生了深远影响。雷锋不仅仅是中国人民学习的榜样,也体现了世界各国人民普遍认同的价值追求。

习近平总书记对新时代更好地弘扬雷锋精神发出号召:让雷锋精神在新时代绽放更加璀璨的光芒,为全面建设社会主义现代化国家、全面推进中华民族伟大复兴凝聚强大力量。学习雷锋精神就要把崇高的理想信念和道德品质追求融入日常生活,在本职岗位上做一颗永不生锈的螺丝钉。

在构建人类命运共同体中弘扬雷锋精神

傅云辉*

截至2023年底，湖南外贸职业学院援外培训学院已为120多个发展中国家培训了各级各类官员、技术人员1万多人。学校用实际行动弘扬雷锋精神，把伟大民族精神、博大人民情怀和高远人类意识紧密结合，以商务部援外培训项目、技术合作项目、组建"中非经贸合作职业教育产教联盟"等为抓手，通过参与"一带一路"建设，加强对非合作，积极践行习近平主席提出的构建人类命运共同体理念。

"小而美"项目授人以渔，助力受援国扶贫减贫

这些年来，许多来自共建"一带一路"国家的学员通过参加缝纫刺绣、首饰加工等援外培训项目，掌握了一技之长，有稳定的收入，甚至成为家庭的经济支柱，慢慢摆脱了贫困。为此，萨摩亚妇女、社区和社会发展部部长斯图尔斯写来感谢信，感谢中国政府的援助，帮助萨摩亚减贫，振兴当地经济。

朱丽叶来自喀麦隆，先后参加了学院承办的抽纱、首饰加工技术培训班。回国之后，朱丽叶运用在华所学的技能和经验，于2017年正式创建企业并注册了自己的品牌。企业创办以来，一直致力于帮扶当地弱势群体，目前已培训205人。

积极参与全球治理，贡献中国智慧、中国方案

疫情防控期间，学院开展了"葡语国家传染病防治研修班""南亚国家新

* 作者系湖南外贸职业学院援外培训学院副院长。

冠疫情防控下的中医药应用和疫苗合作研修班”等卫生防疫类培训项目，把课堂搬到医院现场，为各国抗疫和疾病防治提供中国智慧和中国方案。

学院承办了议会行政能力、财政政策与预算管理、两型社会建设等行政管理类项目，邀请省相关政府部门官员和省委党校的教授向参训的各国政府官员介绍中国制度的优越性，交流政党制度的建立与优化管理。

赠人玫瑰，手留余香

境外媒体的正面报道能够提高中国的国际传播影响力、中华文化影响力、国际舆论引导力。先后有古巴、乌拉圭、喀麦隆、冈比亚、斯里兰卡、老挝等国家的主流媒体报道了援外工作亮点和精彩故事，展示了中国积极参与全球治理、主动承担国际责任的大国形象。

学员的感谢信纷至沓来，国家的亲和力和美誉度不断增强，知华友华的国际舆论朋友圈不断扩大。共收到古巴、柬埔寨、冈比亚、博茨瓦纳、委内瑞拉、阿富汗等20多个国家的部级单位感谢信、其他单位及个人感谢信1000多封。

助力中国企业走出去。2020年10月，中车一举中标墨西哥城地铁1号线升级改造总包项目，合同金额超过100亿元。墨西哥地铁的多名技术专家曾参与我校承办的轨道交通研修班。培训后，他们对中国轨道交通体系和技术实力有了充分了解，最终力排众议选择了中国中车。

助力中国海外公司员工本土化。赞比亚有色金属开发与应用海外培训班等项目，为受援国培训了300多名有色金属开发、水电运行管理方面的能直接上岗的熟练技术操作工人，较好解决了中资企业的员工本土化用工需求，有力促进了产业的健康有序发展。

雷锋精神永不过时，我们援外工作人员将在援外人力资源培训工作中继续弘扬雷锋所具有的大爱的胸怀、忘我的精神、进取的锐气，把为人民谋幸福、为民族谋复兴、为世界作贡献有机地统一起来，脚踏实地做好援外培训各项工作。

赓续新时代雷锋精神 用医者仁心书写大爱无疆

朱 伟*

我是来自湖南省中医药研究院附属医院的中医针灸科主任医师朱伟，曾是中国第19批援津巴布韦医疗队队长，也是2019年国家卫健委组织实施的援津巴布韦中医针灸人才培训项目负责人。援津的那段时间，每一天都让我难以忘记。

因为在那里，凝聚着我们一代代中国援非医疗队队员的心血；

因为在那里，我们用仁心仁术搭建起中非人民友谊的桥梁；

因为在那里，我们用满腔热情诠释了中国援非医疗队的大爱无疆；

因为在那里，我们用守正创新践行着雷锋精神在异国他乡的赓续传承。

一、传承雷锋精神，将“不畏艰苦”写在援非“医”线

我清楚地记得第一次抵达中国–津巴布韦中医针灸中心的场景。当时，中心是一栋老旧的平房，正在装修，遍布灰尘，陈设凌乱，院内杂草丛生，连“中国–津巴布韦中医针灸中心”的匾牌也倒在角落的黄泥地上，装修至少3个月才能完工，而援非只有1年时间。

时间紧、任务重。面对眼前的种种困难，作为雷锋家乡的医生，我们都没有退缩。雷锋精神的一个生动体现就是“螺丝钉”精神，它不仅要求将个体融入集体之中，更是要求在救死扶伤的关键时刻“能找准位置，钻进去，持

---

* 作者系湖南省中医药研究院附属医院针灸科副主任、中国第19批援津巴布韦医疗队队长。

久地拧在那里”。为尽快恢复中医诊疗，我们多方协调，尽快腾出了1间诊室、2间治疗室。虽然空气中弥漫着扬尘和装修异味，条件异常艰苦，但一想到能为当地民众提供中医针灸服务，我们就异常振奋。不到半个月，中心就正式恢复诊疗，在口碑相传中，患者越来越多，每天接诊人数达到30~60位，排队预约到了1个月以后。当他们对我们竖起大拇指，甚至用不标准的中文为中医针灸点赞和道谢时，我们都感到很自豪，这不就是我们常说的中医自信、文化自信吗？在生命面前，语言不再是障碍，中医文化成了友谊和沟通的桥梁。

二、践行雷锋精神，用“甘于奉献”诠释医者担当

雷锋说：“一滴水只有融进大海才不会干涸，一个人只有把有限的生命投入到无限的为人民服务之中去才能充分体现自身价值。”全心全意为人民服务是雷锋精神的本质，是超越阶级、超越国界和种族的，是一种面向全人类的大爱精神。

我记得，当地一名女性湿疹患者，患病10余年，全身多处皮肤溃疡、瘙痒，口服和外用抗过敏类药物无效。我为她进行4次火针治疗后，相应部位不痒了，溃疡也愈合了。我将火针治疗湿疹的视频发在推特和脸书上，很多患者看了视频后纷纷前来求诊。

援津的1年时间里，我们医疗队累计在津开展义诊24次，接诊6000余人次，行程超7000公里。中国有句老话叫“授人以鱼不如授人以渔”，我们成立了非洲南部最大的中医针灸中心，培养了津巴布韦第一批中医针灸人才，从“输血式”援助变为可持续的“造血式”援助，为当地培养了一支非洲籍中医针灸医生。

三、传播雷锋精神，用“大爱无疆”讲好中国故事

习近平总书记提出：“中医药学是中国古代科学的瑰宝，也是打开中华文明宝库的钥匙。”在中心，完全失明的患者，针灸后能看到东西了；耳内流脓者，在没有使用抗生素的情况下，针灸后不再流脓了；耳聋患者，针灸后能

听到声音了;肿瘤患者,针灸后不再疼了……中医针灸正在被越来越多的国外患者接受和传播,这是中医药事业国际化的重要体现。我们应该有这个自信,数千年传承的中医药事业,既是中华民族独有的文化瑰宝,也是中华民族造福世界的法宝。

雷锋,已经成为一种独特的文化现象,更是一份宝贵的精神财富。中华民族和中国人民历来讲求“天下一家”“天地之间,本是一家兄弟”。未来,我们将继续发扬雷锋精神,时刻牢记初心使命,对党忠诚、心系祖国,把精力倾注于救死扶伤,用医者仁心架起促进国际民心相通的友谊桥梁,乐做雷锋精神的种子,把雷锋精神广播在世界大地上。

弘扬雷锋精神 彰显国企担当

江　威*

湖南建设投资集团援多米尼克医院维修扩建项目，是我国援助多米尼克最大的项目。由于种种原因，项目历时6年多，最终在国家和省外事、商务等有关部门的大力支持下，圆满完成建设任务，有力彰显了湖南国企的实力与担当。在2022年11月3日多米尼克国家独立日庆典上，多米尼克政府授予湖南建投集团国家杰出贡献荣誉勋章，并向集团董事长蔡典维等3人授勋。项目党支部在2021年被省委授予"湖南省先进基层党组织"荣誉称号。

今天，作为雷锋精神论坛的发言代表，谈"雷锋精神走向世界"，我感慨万千。时间拉回到2016年春天，公司遴选多米尼克医院项目负责人，我被委以重任。我深知，这是信任，是荣誉，更是责任。伴随着雷锋月的温暖春风，我踏上了征程……

学雷锋——舍己爱人

2017年9月18日，多米尼克遭遇了百年一遇的超强五级飓风（相当于18级台风）"玛利亚"的袭击，狂风、暴雨和泥石流这些在灾难电影中才能看到的大场面，我们真实经历着。项目70多名员工面临断水断粮的生存绝境。作为项目书记，我意识到，此时必须坚定发挥党支部的战斗堡垒作用。我马上组织项目部党员开会部署，鼓励大家积极自救，树立信心，务必确保

---

* 作者系湖南建设投资集团援多米尼克医院维修扩建项目经理。

所有人员的人身安全。当时,我心里想的就是一定要把大家平平安安带回国!靠着大家互相支持,共同分享废墟中抢救出来的唯一一桶水以及极少量的大米,我们度过了最艰难的几天。

几天后,项目部第一次接到大使馆分配的6个回国名额,大家都非常兴奋。可是,名额实在有限,作为项目负责人,在名额分配上我很为难。项目的党员同志充分发挥了党员的先锋模范作用,首先提出放弃这次回国机会,其他同志(包括3位女生)也纷纷提出跟大家一起留守现场,最后6个名额给了身体受伤和年纪偏大的同志。其实,当时谁也不知道灾情会如何发展,也许这次让出去的不仅仅是一个名额,更是一次"生"的希望!可是每个人都作出了自己义无反顾的选择。"我留下!"——这个沉甸甸的承诺是雷锋家乡人最朴实的传承!

学雷锋——互助友爱

还记得灾难发生的次日清晨,外面治安极度恶化,打砸抢夺随处可见,面对如此严峻的形势,等——不是办法。我带着项目部的几名党员,把能用的"武器"带上防身,打算穿过废墟去寻找食物。走到半路,居然碰到了当地中国餐馆的老板,见到我们的第一句话就是:"看到大家都在就好,家里就这点东西了,快拿去给大家吃吧。"原来,他担心同胞挨饿,给我们送来了热气腾腾的水饺。我当时眼睛湿润了,这是冒着生命危险送来的生存供给。大家谁也没有多吃,每人吃一个,往后传,生怕后面的人吃不上。"你在就好"——这是新时代雷锋传人对同胞毫无保留的爱,任何时候,我们对彼此都不抛弃、不放弃!

学雷锋——大爱无私

2020年,新冠疫情暴发并在世界蔓延,加勒比地区也遭疫情肆虐。已建成并完成移交的1#医技楼,承担了多米尼克新冠病毒检测和治疗的功能,当时每天都有感染者被送来治疗,大家顾不得个人的安危与得失,冒着被感染的风险,加班加点,克服重重困难,终于在2020年3月31日,比原计划提前了1个多月完成移交，有效控制了疫情扩散，多米尼克成为加勒比地区控制疫情最成功的国家。

3年抗疫，我们3年不曾回国，誓做一颗螺丝钉，深深扎根在祖国“一带一路”的车轮上，用钉子精神努力完成自身的使命，给祖国交出了一份满意的答卷。

2020年12月，多米尼克总理斯凯里特专门致函李克强总理，衷心感谢中国政府援建多米尼克医院项目，并高度评价湖南建设投资集团项目组的专业、敬业和友好的态度，以及攻坚克难、无私奉献的精神。驻多米尼克大使馆2019—2021年连续3年向集团发来感谢信。为表达对中国人民的感谢，多米尼克政府将医院改名为“中多友谊医院”。

“中多友谊医院”既是两国友好的新丰碑，更是雷锋精神走向世界的生动见证！我们把友爱、无私、奉献带到了另一个半球，让雷锋精神绽放更加璀璨的光芒！

从湖南到中国，从中国到世界，我们将一如既往做最坚定的雷锋传人，以实际行动，续写新时代雷锋故事！

用雷锋精神的时代内涵诠释雷锋精神走向世界的必然性

李天文*

春回大地，全国学雷锋活动春潮再起。湖南勇立潮头，把“雷锋家乡学雷锋”品牌擦得更亮，连续举办12年的雷锋精神论坛今天隆重开幕。以“雷锋精神走向世界”作为本次论坛的主题，眼界宏阔，立意高远，意义重大。去年2月，习近平总书记对新征程学雷锋活动作出重要指示，强调要深刻把握雷锋精神的时代内涵，让雷锋精神在新时代绽放更加璀璨的光芒！学习领会习近平总书记重要指示精神，围绕论坛主题，我发言的题目是“用雷锋精神的时代内涵诠释雷锋精神走向世界的必然性”。

一、雷锋精神的时代内涵是雷锋精神走向世界的崭新优势

深刻把握雷锋精神的时代内涵，首先应弄清什么是雷锋精神的时代内涵。雷锋精神的时代内涵极其丰富，主要包括以下几个方面：

一是铁心向党的忠诚。雷锋无限热爱党，对党最忠诚。他说：“我就是长着一个心眼儿，我一心向着党。”“为了党和人民的事业，就是入火海进刀山，我甘心情愿。”2021年6月7日至9日，习近平总书记在青海考察时指出，要崇尚对党忠诚的大德，广大党员、干部永远不能忘记入党时所作的对党忠诚、永不叛党的誓言，做到始终忠于党、忠于党的事业，做到铁心跟党走、九

* 作者系中国社会福利基金会学雷锋基金管委会主任。

死而不悔。中国共产党的领导是中国特色社会主义最本质的特征,中国共产党的领导是实现中华民族伟大复兴的根本保证。对党忠诚,铁心向党,应为雷锋精神时代内涵的应有之义。

二是矢志追梦的理想。雷锋是伟大的共产主义战士,为共产主义而奋斗是他最高的理想追求。党的二十大报告庄严宣告:“从现在起,中国共产党的中心任务就是团结带领全国各族人民全面建成社会主义现代化强国、实现第二个百年奋斗目标,以中国式现代化全面推进中华民族伟大复兴。”实现中华民族伟大复兴,是全民族的共同梦想,是中华民族在现阶段的共同理想。树立并矢志追求这样的共同理想,正是雷锋精神时代内涵不可或缺的重要内容。

三是爱国为民的情怀。雷锋热爱祖国、为民服务的情怀,表现特别突出。当年,为支援国家建设,他从湖南远赴东北,在艰苦的岁月里,为国家建设做出了积极贡献。他热爱人民,全心全意为人民服务,彰显了大爱情怀。新时代新征程,面对国际风云变幻,面对风高浪急甚至惊涛骇浪的严峻考验,更需要强烈的爱国精神,发愤图强,把国家建设好,让巍巍中华立于不败之地。在实现全体人民共同富裕、实现人民对美好生活的向往的奋斗中,要像雷锋那样,把人民利益摆在至高无上的地位,真正把“以人民为中心”的思想和“人民至上”的理念落实得更好。热爱祖国、为民服务的情怀,是雷锋精神时代内涵的必备要件。

四是创新图强的锐气。当年,雷锋在条件极其简陋的情况下,创业创新,奋发图强。无论是在鞍钢焦化厂时创新发明“横杆吊斗”加快施工进度,还是在部队创新制作汽车模拟驾驶台提高训练效果、改造汽车化油器变“耗油大王”为“节油标兵”,雷锋创新图强的锐气令人敬佩!新时代新征程,在强国建设、民族复兴的伟业中,更需要创新创业、奋发图强的锐气。党的二十大报告提出创新是第一动力,把创新摆在现代化建设全局中的核心地位,强调只有坚持创新是第一动力,才能推动我国实现高质量发展,塑造我国国际合作和竞争新优势。创新图强作为雷锋精神的时代内涵,必不可少。

五是善作善成的本领。雷锋既是好人,又是能人,他干一行爱一行,钻一行精一行，在每一个岗位都创造了一流的业绩。这与他善于学习钻研，掌握了干事创业的本领是分不开的。社会主义现代化国家的大厦是靠一砖一石垒起来的，实现强国复兴伟业，需要各方面具体实在的工作来完成。身处各行各业的每一个人，都要像雷锋那样学习，像雷锋那样工作，要有完成任务和做好工作的真本事、真本领，做到既善于做事，更善于做成事。这种善作善成的本领要求，在雷锋精神时代内涵中不仅具体实在，而且是一个相当高的要求。

雷锋精神的时代内涵是雷锋精神所具有的历史穿透力和震撼力在新时代的真切反映，是雷锋精神永恒性在新时代的具体体现，是以习近平同志为核心的党中央带领人民持续推进学雷锋活动取得的宝贵精神财富。因此，雷锋精神的时代内涵毋庸置疑地成为强国建设、民族复兴的重要动力源泉。这种具有时代鲜明特征的雷锋精神，才能更好地与不断发展变化的世界接轨，成为雷锋精神走向世界的崭新优势。

二、雷锋精神的时代内涵与雷锋精神走向世界的必然联系

雷锋精神的时代内涵与雷锋精神走向世界的必然联系，主要体现在以下“五个共融”上：

第一，雷锋精神时代内涵的忠诚品格与世界共融。忠诚品格作为雷锋精神时代内涵的第一要义，与世界的共融性是显而易见的。忠诚是一道光，照亮人们心中的黑暗，带来无穷的勇气和力量。尽管不同的国家、不同的地域、不同的人群，忠诚的对象是不同的，但都倡导和崇尚忠诚。雷锋对党对国家对人民的忠诚，为人们树立了榜样。

第二，雷锋精神时代内涵的追求属性与世界共融。矢志追梦是雷锋精神时代内涵的重要方面，而对美好向往的追求，是人所共有的、世界共融的。理想追求，是人们在人生旅途中的方向，它像一盏明灯，照亮前行的道路。雷锋对理想追求的坚持和执着，是值得人们学习的。在这个充满挑战的时代，雷锋精神时代内涵的追求属性和榜样作用，可以使人们在为创造美好未来的奋斗中受到激励。

第三，雷锋精神时代内涵的爱国情怀与世界共融。爱国是雷锋精神时代内涵的核心要义。教育家陶行知说："国家是大家的，爱国是每个人的本分。"爱国是一种崇高的感情，是一个民族精神财富中最珍贵的珠宝，具有巨大的向心力和凝聚力。雷锋坚持国家的利益高于一切，无条件地服从国家的召唤。雷锋精神时代内涵的爱国情怀与世界共融。

第四，雷锋精神时代内涵的创新特质与世界共融。当今的社会飞速发展，创新显得尤为重要。只有拥有创新精神的国家，才能进入强国之林。在激烈的国际竞争中，唯创新者进，唯创新者强，唯创新者胜。创新是雷锋精神时代内涵的重要特质，与世界创新发展的潮流共融。

第五，雷锋精神时代内涵的本领要求与世界共融。随着科技的快速发展和社会的不断进步，人们需要学习和掌握越来越多的新知识、新技术，需要真本领、真本事。雷锋爱岗敬业、善作善成、本领过硬，堪称典范。雷锋精神时代内涵的本领要求与世界共融。

三、雷锋精神的时代内涵与雷锋精神走向世界的历史逻辑

雷锋精神既是历史的，也是当代的；既是民族的，也是世界的。推动雷锋精神的国际传播，让雷锋精神走向世界，对于讲好中国故事，传播中国声音，推动中华文化走出去，增强国家文化软实力，提升中华文化国际影响力，都具有重要意义。雷锋精神的时代内涵是代表中国形象的具有新时代特征的重要的符号标识，是靓丽的名片。结合雷锋精神走向世界的历史经验，探寻雷锋精神的时代内涵与雷锋精神走向世界的历史逻辑，可得出以下三个方面的认知：

第一，搞好宣传教育是基础条件。当年，毛主席发出"向雷锋同志学习"的伟大号召，人们知雷锋，爱雷锋，学雷锋，做雷锋，大力传承弘扬雷锋精神。雷锋精神穿越时空，冲出国门，走向世界，宣传教育发挥了有力的推动作用，甚至可以说起到了决定性作用。把握雷锋精神的时代内涵，让雷锋精神走向世界，必须重视宣传教育，通过喜闻乐见的形式让人们知内涵、懂意义、见行动。

第二，在成就中吸引转化是重要途径。历史经验证明，在成就中吸引转化是雷锋精神走向世界的重要途径。湖南和抚顺两个雷锋纪念馆，在国内乃至世界都是闻名的，自建馆以来，传播雷锋精神可谓成就非凡。两个雷锋纪念馆已接待参观人员超1亿人次，很多外国人慕名而来，他们也崇尚学习雷锋，传承雷锋精神，真真切切地把雷锋精神作为超越国界的精神财富。60多年来，在雷锋纪念馆的留言簿上，无数的留言、不同国家的文字，表达着同样的观念：雷锋是世界人民的好榜样，雷锋精神是人类的财富。在中国人民军事革命博物馆举办的大型雷锋摄影展，14天参观人数达18万人之多，吸引了包括全国两会代表在内的各界人士和一些外国友人，他们纷纷留言。一个德国人写了“我是德国人，我也要学雷锋”两行大字，交给展览组委会。首批学雷锋示范基地锦州银行，由于学雷锋活动搞得好，吸引了一个名叫罗杰斯的美国人落户该单位。我曾几次与他交谈，也有通信联系方式。他不仅学雷锋工作出色，还与爱人一起利用业余时间把《雷锋日记》翻译成英文送到国外，成为辽宁省第一位外国人学雷锋金质奖章获得者。

第三，靠广大使者传播是力量之源。从历史经验看，广大使者包括旅居海外的华侨、去国外做生意的企业人员、赴国外执行任务的工作者以及出国旅游的人员等，是雷锋精神走向世界的重要力量源泉，发挥着积极而有效的传播作用。他们有的在居住地建雷锋展览馆，有的把上万枚雷锋像章发给外国友人，有的在旅游途中讲述雷锋的故事并以助人为乐的实际行动践行雷锋精神。2021年，世界华人精英联合会举办了“中国共产党百年百人肖像全球巡礼”，在美国的活动中，在美国独立广场、华盛顿广场、白宫广场、联合国广场、纽约时报广场，雷锋的肖像在显要位置展出，让更多的人了解雷锋。据媒体披露，我国海外华人达550万人；境外中资企业达4.6万家，分布在全球190个国家和地区，境外企业中方员工超过150万人；2023年我国出境旅游人数超过8700万人次，预计2024年出境旅游人数为1.3亿人次。如果雷锋精神的时代内涵被如此众多的国外华人掌握，是多么庞大的传播力量！

雷锋精神走向世界是世界大同所需，是人类发展大势所趋。雷锋精神在中国文化走出去的道路上必将大有可为、大放光彩。

雷锋精神走向世界：时代内涵、价值意蕴、实践路径

徐志坚*

雷锋事迹反映了新中国成立后普通中国劳动者朝气蓬勃建设社会主义的生动形象。雷锋精神是共产主义精神的典型体现，雷锋形象是几千年中华优秀传统文化中理想人格的体现。雷锋事迹被宣传报道后，经过基层表彰、领袖题词、全国动员、组织发动，形成了全社会学习雷锋的强大洪流。从那时起，雷锋精神也走出国门，走向世界，成为世界潮流。60多年过去了，雷锋事迹仍然被世界人民传颂，雷锋精神的旗帜仍高高飘扬，恰恰说明：雷锋精神既有时代性，也有永恒性；雷锋精神既属于中国，也属于世界。雷锋精神既关乎个人价值，也照耀人类未来。

一、雷锋精神走向世界，必须精准阐述时代内涵

雷锋精神的传播具有历史互动性。当年，雷锋事迹在国内传播后，在世界范围内引起哄动。1963年7月，朝鲜崔庸健委员长在访问中国后敏锐地发现了学习雷锋的思想运动，《人民日报》进行了报道："今天，在各阶层人民中间广泛展开向雷锋同志学习的群众性思想运动，这是中国人民按照中国共产党的意志始终以革命方式来生活和工作的一致愿望的具体表现。"1963年10月29日，《中国青年报》报道了古巴青年赞扬雷锋、学习雷锋的情况。同年，相关报纸呼吁"归侨青年要以雷锋为榜样"。[①]此后，关于外国人学雷

* 作者系上海第二工业大学马克思主义学院教授、上海市劳模文化研究中心研究员。

① 归侨青年要以雷锋为榜样[J].侨务报(北京)，1963(2):8.

锋、传播雷锋精神的介绍时见于媒体报道。学雷锋活动在世界范围自发开展,许多亚非拉国家的青年人以雷锋作为自己的偶像和楷模。

雷锋精神之所以在世界范围容易被接收,是因为雷锋精神与志愿精神相契合。西方世界把雷锋与“志愿者”相提并论,中国人也称西方志愿者为“洋雷锋”。20世纪90年代初,共青团组织敏锐地发现了将学雷锋活动与志愿精神结合的可能性。源于中国的雷锋精神和源于西方的志愿精神开始对接。1994年2月,团中央创新了学雷锋的提法,要求各地精心组织“青年志愿者学雷锋奉献日”,提出中国青年志愿者活动是“跨世纪青年文明工程”的重要组成部分,是一项全团性、长期性的重点活动。推动青年志愿者活动在全国范围内开展,倡导学雷锋、树新风,推进“跨世纪青年文明工程”。[①]源于西方的志愿精神和继承了五千年中华民族优秀文化精华和共产主义世界观的雷锋精神开始相遇,国外的“洋雷锋”相继来到中国,用技术和爱心为中国的建设和发展提供无偿的服务。同样,接受了雷锋精神教育的年轻人带着雷锋精神的文化基因,奔赴海外留学,在学习科学技术知识的同时,力所能及地参与志愿服务,在海外传播雷锋精神。

党的十八大以来,以习近平同志为核心的党中央高度重视学雷锋活动,指引学雷锋志愿服务活动高质量发展。截至目前,习近平总书记共有20多次讲话中提到雷锋事迹、学雷锋活动、雷锋精神,对发扬雷锋精神做出重要论述,指导新时代学雷锋活动不断拓展内容、创新形式、丰富载体,取得了新成效。习近平总书记指出:“雷锋精神,人人可学;奉献爱心,处处可为。”习近平总书记高度重视雷锋精神,对雷锋精神的时代内涵作出深刻的阐述,就是要让雷锋精神在新时代绽放出璀璨的光芒。

二、雷锋精神走向世界,必须牢牢把握社会主义核心价值观

习近平总书记指出:“雷锋精神是永恒的,是社会主义核心价值观的生动体现。”社会主义核心价值观是新时代中国精神的价值内核,既是凝聚中

① 胡晓梦,唐维红.团中央要求各地精心组织青年志愿者学雷锋奉献日[N].人民日报,1994-02-27(3).

国力量的思想基础,又是弘扬中国精神的思想旗帜。培育和践行社会主义核心价值观,是新时代意识形态建设的重中之重。雷锋精神走向世界,必须体现中国精神,传播中国价值,展示中国文化。

当前,中华民族伟大复兴的战略全局和世界百年未有之大变局,同步交织、相互激荡,意识形态领域内的斗争更加激烈。核心价值观之间的竞争和较量既体现了两种制度的本质区别,也是抢占世界范围内话语权和道义制高点的聚焦点。以美国为代表的西方国家,不断宣传所谓"普世价值",并将美国的"自由民主"制度自诩为"历史的终结"。以马克思主义为指导的中国共产党人,在领导和团结全国各族人民的奋斗中,秉承"两个结合"的世界观和方法论,将科学社会主义的理论变为中国特色社会主义的实践,书写了中华民族伟大复兴的华章。社会主义核心价值观是中国共产党人在辩证唯物主义和历史唯物主义世界观的基础上,对价值观的凝练和表达,雷锋精神则是这一价值观的典型体现。在精神层面,雷锋精神远远超越了资本主义新教伦理价值观,体现的是共产主义的世界观。

我们要坚定不移地弘扬雷锋精神,让雷锋精神的旗帜高高飘扬。雷锋精神的价值意蕴远远高于一般的志愿服务精神,同时又能统摄世界通用的志愿精神。在构建人类命运共同体的过程中,要不断弘扬雷锋精神,让雷锋精神随着国人走向世界,引领世界各国人民奉献爱心、爱岗敬业、热爱学习、热爱生活,让雷锋精神成为全世界人民的价值共识,为构建人类命运共同体贡献精神资源。

三、雷锋精神走向世界,必须创新社会主义先进文化的传播方式

雷锋精神已经被纳入以伟大建党精神为源头的中国共产党人精神谱系,雷锋文化已经成为社会主义先进文化的重要表现形式。进入新时代,学雷锋志愿服务活动不断走深走实。但是,在快速发展的数智时代,全球范围内各种文化的即时相互激荡趋势越来越明显,这需要我们更加重视中华民族精神家园的守护。弘扬雷锋精神、动员广大人民群众开展志愿服务活动,就是要不断守正创新,守护中华民族千百年来形成的优良传统,弘扬社会主

义先进文化。

雷锋精神走向世界,需要将雷锋精神转化为中国走向世界的精神形象。共产党员、领导干部要带头学雷锋,正如雷锋当年学习自己的领导一样。[①] 雷锋精神走向世界,承载着中国共产党人的价值追求。

雷锋精神走向世界,离不开雷锋事迹的传播。创新雷锋题材文化产品的供给,是雷锋精神走向世界必不可少的环节。文学艺术领域源源不断的创新,是雷锋精神走向世界的重要内容。习近平总书记强调:“让学雷锋活动融入日常、化作经常,让雷锋精神在新时代绽放更加璀璨的光芒”。

① 陈思炳.雷锋当初学的谁[J].江淮,2007(03):50-51.

雷锋精神走向世界的必然性

李小舟*

雷锋精神蕴含着深厚的家国情怀和人文关怀，与构建人类命运共同体同向同行，它是可以超越国界的人类共同的精神家园。

一、雷锋精神是人类社会进步共有的精神资源

人类对真善美的追求从未停止过，人类文明中的许多优秀品德与雷锋精神是相通的。雷锋有句名言："活着就是为了使别人生活得更美好。"这是引发世界人民共鸣的高尚品德。雷锋精神的价值不仅体现为"为人民服务""助人为乐""当好螺丝钉"等，更在于雷锋以"一辈子做好事"的实践带来的反思：人生一世，如何处理人与人、人与社会之间的关系？雷锋精神所体现的对社会的大爱情怀，蕴含着人类的道德理想。多年来，"雷锋"已走出国门、走向世界，其所彰显的人类共同的价值追求，代表了文明社会的正能量，给世界人民以持续的美好的精神影响。当今世界，百年变局深度演进，人类既面临世界多极化、经济全球化、文化多元化的大趋势，也有着共同的利益、责任和价值。构建人类命运共同体，文明不可缺席，雷锋精神过去、现在和将来都是人类社会进步共有的精神资源。

二、文化自信是雷锋精神走向世界的根本保证

"求木之长者，必固其根本；欲流之远者，必浚其泉源。"文化是一个国

---

* 作者系甘肃省雷锋精神研究会会长。

家、一个民族的灵魂，是人民的精神家园。“人的生命是有限的，可是为人民服务是无限的，我要把有限的生命投入到无限的为人民服务之中去。”这句引用最多的雷锋格言，阐释了人生的意义在于对真善美的纯粹追求，书写了世间大爱的胸怀与担当，集中反映了雷锋精神的核心与实质。雷锋精神作为中华民族伟大创造精神、伟大奋斗精神、伟大团结精神、伟大梦想精神的时代再现，在几十年的历史演进中，已经转化为影响人们生产方式、生活方式、交往方式、情感方式甚至思维方式的一种文化现象，成为一种现代人类难以回避和超越的难能可贵的精神文化资源。弘扬雷锋精神有利于推动中华传统文化在新的历史条件下守正创新，有利于推动革命文化在青少年群体中薪火相传，有利于推动社会主义核心价值观在市井坊间落地生根，有利于推动中华文明更加充满自信地走向世界。

文化兴国运兴、文化强民族强，没有高度的文化自信，没有文化的繁荣兴盛，就没有中华民族的伟大复兴。雷锋精神既代表了优秀的中华传统文化，又代表了共产党人先进的革命文化。中华民族唯有树立强大的文化自信，才能使雷锋精神在民族振兴的伟业中走向世界、走向未来。当前，世界各种文化相互激荡，不同文明相互交融，文化力量在国际竞争中的地位进一步凸显。拥有独特魅力的雷锋文化，是我们讲好中国故事的绝佳素材，是中国在世界舞台上的亮丽名片，是中华民族屹立于世界民族之林的深厚软实力。

三、雷锋精神是爱好和平的世界人民的共同精神家园

雷锋精神根植于中华优秀传统文化，其形成与发展始终镌刻着中华优秀传统文化的深深烙印。“天下兴亡，匹夫有责”“敬业乐群”“己欲立而立人，己欲达而达人”“鞠躬尽瘁”“大公无私”等中华优秀传统文化，为雷锋精神提供了深厚的文化滋养。“人生总有一死，有的轻如鸿毛，有的却重如泰山。我觉得一个革命者活着就应该把毕生精力和整个生命为人类解放事业——共产主义全部献出。”雷锋日记中的经典话语所展现出的雷锋精神，体现出其深受中华民族历代先贤精神滋养的崇高思想，激活和光大了中华优秀传统文化的基因，传递出中华文明的家国理想，释放出中华文明的文化张力，为

人类文明新形态的伟大创造注入了强大精神文化力量，沟通了历史与时代、中国与世界。当前，世界百年变局和信任危机相互交织，各种安全挑战层出不穷，世界经济复苏步履维艰，全球发展遭遇严重挫折。面对摆在我们面前的时代之问，雷锋日记至今仍发出阵阵时代回响："如果你是一滴水，你是否滋润了一寸土地？如果你是一线阳光，你是否照亮了一分黑暗？如果你是一颗粮食，你是否哺育了有用的生命？如果你是一颗最小的螺丝钉，你是否永远守在你生活的岗位上……在生活的仓库里，我们不应该只是个无穷尽的支取者。"充满哲理的思考展现了中华文明的回响，启示我们要身体力行，团结一心，凝聚力量，去努力实现和平、发展、公平、正义、民主、自由的全人类共同价值，推动构建人类命运共同体。雷锋精神作为中华优秀传统文化创造性转化和创新性发展的集中体现，对世界具有重大而深远的影响，是爱好和平的世界人民的共同精神家园。

四、雷锋精神是构建人类命运共同体的强大精神力量

当前，世界百年变局加速演进，国际形势发生深刻复杂变化，世界政治多极化、经济全球化、文化多样化的发展趋势日益凸显，共同挑战愈发增加，全球性问题层出不穷，对国际秩序和人类生存构成了严峻挑战。构建人类命运共同体是促使全球民众凝聚共识、紧密团结，共同应对当前危机、携手共建美好世界的重要途径。中非命运共同体、中拉命运共同体、中巴命运共同体、亚洲命运共同体、亚太命运共同体等，目的在于在全球范围内推广相互依存、合作共赢的新型国际秩序观、国际权力观、共同利益观、可持续发展观以及全球治理观。"团结友爱、互帮互助、舍小我而利公"是雷锋精神最深刻的内涵和最鲜明的特质。要加强雷锋精神中世界情怀和人类关怀的全球叙事，通过多种语言、多种渠道、多种方式，向世界讲好雷锋团结友爱、互帮互助、舍小我而利公的故事，向世界传播与雷锋精神同频共振的人类命运共同体理念，大力呼吁世界各国在追求本国利益时兼顾他国合理关切，在谋求本国发展中促进各国共同发展，努力建设一个持久和平、共同繁荣、开放包容的世界。

五、雷锋精神是中华民族永恒的精神标识

雷锋精神以“平凡的伟大”展现了社会主义道德的精华。雷锋把关爱他人、助人为乐作为人生信条,在平凡的工作和生活中坚持做好事。他认为最大的幸福是为人民服务,并把自己有限的生命投入到无限的为人民服务之中,做到了毫不利己、专门利人、无私奉献。党的二十大报告指出:“团结就是力量,团结才能胜利。全面建设社会主义现代化国家,必须充分发挥亿万人民的创造伟力。”社会主义道德是凝聚人心、催人奋进的重要力量,是新时代中华民族凝心聚力的精神支柱。弘扬雷锋精神,就要弘扬雷锋的道德品格。我们要彰显雷锋大爱的胸怀,广泛凝聚全社会乃至全人类的发展共识。我们要弘扬雷锋助人为乐、守望相助的精神,引导广大民众积小善为大善,在别人需要帮助时搭把手、出份力,营造“我为人人、人人为我”的良好氛围,会聚起共创美好生活的强大力量。同时,我们要继续推动雷锋精神走向世界,以雷锋精神占据道义制高点,推动人类命运共同体的构建,推动人类文明进步。实干兴邦,行动是凝聚合力的落脚点。我们既要弘扬雷锋心系人民、忘我奉献的精神,引导广大党员干部把为人民谋幸福作为自己的责任和使命,通过不同形式为国家和人民忘我奉献,为中华民族伟大复兴添砖加瓦;又要弘扬雷锋的奋斗精神,引领全体民众以更加昂扬的奋斗姿态在各条战线上出力尽责、担当作为,团结成“一块坚硬的钢铁”,推动“中华民族伟大复兴”号巨轮乘风破浪、扬帆远航。

六、雷锋精神走向世界的必然性

雷锋精神超越时空,超越国界,已成为历史的必然。

一是在华的外国友人对雷锋的认知。外国友人参观雷锋纪念馆,写了很多令人感动的留言。抚顺雷锋纪念馆自1965年开馆以来,已接待60多个国家和地区的近20万外国友人。湖南雷锋纪念馆自1968年开馆以来,已有50多个国家和地区的2万多人参观。一位美国教师参观后留言“雷锋属于全世界”。一位美国学生在留言簿上写道:“雷锋的一言一行都体现出为人

民服务的精神，他不仅是中国人民的英雄，也是世界所有向往美好生活人们心中的英雄。”《纽约日报》一位驻京记者参观后认为“雷锋是一个非凡的好人”，随即写了报道在该报刊登。10多年前，在北京军事博物馆举办“不朽的丰碑 永远的榜样——大型雷锋照片展”和“雷锋日记书法展”期间，很多外国友人前去参观，认真听讲解、做记录。有位德国青年参观后，当场用毛笔写了“我也要学雷锋”6个中文大字，现场参观的人员报以热烈的掌声。随着学雷锋活动广泛深入的开展，中国很多地区出现了“洋雷锋”。在浙江义乌众多的外国批发商中，不少人参加过当地的学雷锋志愿者活动。我在甘肃山丹培黎学校调研时，认识了凯瑞·威尔逊，她来自新西兰，她对待工作的认真与热情让人十分感动。她父亲在临终之前给她写信，让她不要回来，等在中国完成任务以后再回来，否则他将死不瞑目。兰州大学的许多留学生做好事不留名，自称是“洋雷锋”。

二是走出去传播雷锋精神。继抚顺代表团到美国寻访雷锋印记后，杭州雷锋纪念馆馆长马水泉在前驻美国大使馆一秘田志芳的帮助下，先后三次自费到美国，两次进西点军校考察，亲自见证了西点军校招生简章上印有雷锋照片以及汉语教研室曾悬挂过雷锋画像，并向西点军校赠送了雷锋纪念章和雷锋书籍。他把雷锋照片摆放在好莱坞热闹的场地，向观众讲述雷锋的故事。他还利用到德国参加世界农副产品展览会的机会，把大量雷锋照片、纪念章、书籍及各种宣传品赠送给外国友人，宣传雷锋精神。雷锋生前所在团于20世纪70年代在老挝建立了第一个海外雷锋纪念馆，全面介绍雷锋的事迹，展现雷锋精神。2002年，雷锋生前所在团派遣223名官兵赴非洲利比里亚参加联合国维和行动，在驻地创办了雷锋纪念馆。利比里亚外长在中国大使的陪同下参观展览。除当地群众参观外，还有国际红十字会、埃塞俄比亚、爱尔兰、孟加拉国等人员参观，雷锋精神在非洲大地传播。2020年，雷锋生前所在部队又派出100多名官兵远赴西非马里执行国际维和任务。其间，他们在异国他乡办起了雷锋精神展览馆，建立了雷锋服务队，向当地群众传播雷锋精神。

三是向国外发行学雷锋书籍。据有关资料证实，《雷锋日记》和《雷锋故事》等书籍已经用英、法、日等20多种文字翻译出版，先后在70多个国家传播。2022年，军旅作家胡世宗学习雷锋的新作《信念之子——雷锋》中文版和英文版同时出版发行，全面介绍雷锋从一个普通青年成长为伟大共产主义战士的光辉历程，对传播雷锋精神和中国力量产生了积极影响。陶克将军《告诉你一个真实的雷锋》被翻译成多国文字，在国外出版发行。出版方邀请陶克将军参加发行仪式，并在国外宣讲雷锋精神，受到国内外的好评。随着“一带一路”倡议的实施，我们坚信，雷锋精神一定会走向更多的国家和地区。我们要用雷锋精神讲好中国故事，讲好新时代的新雷锋故事，进一步彰显中国精神和中国力量，为构建人类命运共同体注入更鲜明、更有凝聚力的强大活力，为人类文明建设做出更大的贡献。

雷锋精神属于中国，也属于全人类。雷锋心里装着中国人民，也装着世界人民。雷锋早在高小毕业典礼上，就发出做“人类英雄”的誓言。他在思考人生价值时提出：“你既然活着，你又是否为未来的人类生活付出你的劳动，使世界一天天变得更美丽？”他在入党当天的日记中写下了庄严的承诺：“为了全人类的自由、解放、幸福，哪怕高山、大海、巨川。”他反复自我激励，把青春献给世界上最壮丽的事业，为人类解放而斗争，为人类最美好幸福的生活而斗争。雷锋把为中国人民事业的奋斗与为人类事业的奋斗紧紧地联系在一起。雷锋精神既体现了他个人的崇高理想信念和道德品质，又彰显了中国先进文化的巨大魅力和影响力。雷锋精神体现的人生价值观具有人类向往美好未来的共性。雷锋精神必将走向世界，为人类带来更多的和平与福祉。

传承雷锋精神 让爱传遍世界

安斯寿*

雷锋，这个名字代表着无私奉献、无畏困难、乐于助人。虽然他英年早逝，但他的精神却在世间传承，点燃了千千万万人的心灵之火。雷锋用实际行动诠释了在工作中无私奉献、在生活中乐于助人。正是这种精神，点亮了无数人的心灯，让人们懂得人生真正的价值。雷锋精神既是中华传统文化宝库中的瑰宝，也是我们建设美好社会的基石。

一、雷锋精神走向世界是历史的必然

1. 雷锋精神的核心是爱

雷锋精神的核心是爱，热爱生活、热爱生命、热爱自然、热爱工作、热爱人民、热爱祖国，还包含信念的能量、大爱的胸怀、忘我的精神、进取的锐气等，这些要素共同构成了雷锋精神的核心内涵，强调了无私奉献、乐于助人的品质。

2. 雷锋精神是人类文明的精神财富

传承雷锋精神，让世界充满爱，能让这个世界变得更加美好，让每个人都感受到爱的力量。雷锋的事迹亦感动了无数国外友人，那些了解雷锋事迹的人们，有的将雷锋的故事传播到世界，有的则在平时的生活中以身作则践行着“学习雷锋”的承诺。

---

* 作者系贵州省雷锋精神研究会会长。

3.践行雷锋精神人人可行

可以通过设立奖项、举办活动、开展志愿者服务等方式，帮助人们更好地理解和践行雷锋精神，将雷锋精神注入血液中，让爱的火苗在行动中燃烧。从小事做起，从身边做起，每个人都可以是雷锋。我们要心怀爱意，用行动去传承雷锋精神，让爱的力量传遍世界。

二、雷锋精神的世界影响

美国西雅图的雷夫·艾里克·罗杰斯在担任辽宁省锦州市商业银行国际部经理助理期间翻译的《雷锋日记》在美国广泛传播。据相关统计，早在1973年，就有28个国家翻译出版了《雷锋日记》和《雷锋诗文集》，包括英文版、法文版、日文版、朝鲜文版、泰文版等。目前，世界上有50多个国家翻译出版了《雷锋日记》和《雷锋诗文集》。

《告诉你一个真实的雷锋》是解读雷锋精神的重要书籍之一，从孤童雷锋、阳光雷锋、善行雷锋、哲思雷锋、百姓雷锋、世界雷锋、永远雷锋等多个角度，介绍了雷锋极富感染力的鲜活形象。

一些国家主动研究雷锋精神。美国的“学习雷锋研究会”专门学习和研究雷锋的优秀事迹，鼓励人们为社会做好事。泰国政府曾印发《雷锋》小册子，号召国民学习雷锋精神。2012年，《印度时报》以“中国希望民众做好事”为题介绍了中国的学雷锋活动。

抚顺雷锋纪念馆是世界上最具影响力的杰出人物纪念馆之一，自建馆以来已经接待了中外游客超过6000万人次，其中不乏慕名而来的外国游客。一个20世纪60年代的中国“英雄”“好人”，在半个多世纪后依然吸引着世界的目光。

三、雷锋精神的传播路径和方法

新媒体时代，人人都是传播平台。新媒体传播速度快，传播话语更易为民众接受。在海外传播雷锋事迹和雷锋精神时，可以借助民间话语，让雷锋精神更贴近外国受众，进而让他们对雷锋事迹更感兴趣。

在海外传播雷锋事迹和雷锋精神的过程中，应紧紧把握传播领域移动化、大众化、可视化的特点，借助AR、VR等沉浸式手段讲好雷锋故事、传递雷锋精神。

相关机构和个人的视频账号，可以海外受众喜闻乐见的形式，从雷锋日常生活的小切口讲述雷锋的日常生活，原汁原味地进行传播，达到传播效果最大化。

可以借助新主流电影这个颇具国际影响力的文化窗口，筛选优质影片，推动新主流电影出海，向海外讲好雷锋故事、展现雷锋精神。

雷锋精神走向世界是历史的必然，从目前海外对雷锋精神的研究和吸收来看，雷锋精神在海外传播的态势较好，海外受众对雷锋精神的接受度较高。我们应深入地审视和思考雷锋精神在海外的传播路径和方法，为讲好中国故事注入新的力量。

讲好雷锋故事 展现中国形象

李逢秋*

人类的先进思想和高尚品德是没有国界的。每当一种先进思想产生、一种高尚品德出现、一个杰出人物走来，都将跨过国界疆界，穿越时间空间，成为人类共有的精神财富。雷锋是属于中国的，也是属于世界的。

一、雷锋精神走向世界的内在逻辑

雷锋精神超越了时代、地域和民族的局限。在全人类价值共识形成的过程中，世界很多国家、民族产生的一些积极健康的思想文化都起到了重要的作用。雷锋精神是中国共产党全心全意为人民服务宗旨的具体体现。雷锋对共产主义信念的坚定，对民族、人民大爱的胸怀，为推动全人类价值共识的形成提供了直接的符号象征和实践参考。

雷锋精神与全人类的共同价值互相契合。60多年以来，雷锋精神经久不衰，历久弥新。雷锋精神是中华民族优秀传统文化的延续和升华，是近代以来爱国主义情怀的具体展现。和平、发展、公平、正义、民主、自由是全人类的共同价值。雷锋精神彰显的信念的能量、大爱的胸怀、忘我的精神、进取的锐气，不仅契合了全人类的共同价值，而且滋养了全人类的共同价值。

雷锋精神为构建人类命运共同体提供了思想基础。雷锋提出了关于个人与集体关系的经典比喻——一滴水和大海。他在日记中说："一滴水只有

---

* 作者系辽宁雷锋干部学院副院长。

放进大海里才能永远不会干涸，一个人只有当他把自己和集体事业融合在一起的时候才能最有力量。”这种集体主义精神不仅指向以他本人为代表的那一时代的特殊行为，也会随着时代的变换而变换、随着时代的进步而进步，雷锋精神为构建人类命运共同体提供了思想基础。

二、雷锋精神走向世界的现实基础

雷锋精神走出国门，影响世界。60多年以来，几十个国家用英文、法文、日文、朝鲜文、泰文等翻译出版了《雷锋日记》和《雷锋诗文集》。20世纪末，雷锋以纯朴微笑的“中国形象”入选“全球20世纪最有影响力的100张照片”。2012年，雷锋以“党和国家领导人题词最多的士兵”荣获大世界基尼斯纪录认证。2017年，雷锋再次以“以个人为题出版书籍数量最多的士兵”荣获大世界基尼斯纪录认证。2018年3月3日，抚顺市组织了“一带一路·雷锋同行”文化交流活动，这是走出国门宣讲雷锋故事、展示雷锋精神的有益尝试，也是新时代弘扬雷锋精神的生动实践。

雷锋成为国际精神偶像。一种精神的存在和永恒，总是离不开这种精神的物质承担者。60多年来，越来越多的国际友人，被巨大的、广泛的、炽热的“雷锋磁场”所吸引，涌现出了许许多多的“洋雷锋”。抚顺市雷锋纪念馆自建馆以来已经接待中外游客超过6000万人次。在抚顺市雷锋纪念馆出口处的留言簿上，写满了各国游客留下的文字，字里行间无不倾诉着他们感受雷锋精神后的敬仰之情，这也是他们“探访雷锋精神之旅”后所给出的鲜活答案。德国人彼德在留言簿上写道：“感谢你们对一个中国好人如此怀念！”这些活生生的“雷锋”的普通形象，延续了雷锋精神的价值理想，赋予雷锋精神以时代内涵，彰显了雷锋精神的永恒魅力。

学习雷锋成为普遍的生活方式。雷锋精神在60多年的历史演进中，在一定程度上已经成为人们的一种工作生活习惯。中建三局北京公司开展“雷锋精神进工地”活动，响应“一带一路”倡议，参与柬埔寨、菲律宾等国的海外工程建设，组建首支海外“工地雷锋班”，为当地贫困居民发放生活物资、义务参与当地基础设施改建维修和环境整治等，受到了柬埔寨、菲律宾政府和当地居民的高度赞誉。

三、雷锋精神走向世界的实践路径

一是把握好“讲什么”的问题，把中华文化展示好。雷锋精神根植于中华优秀传统文化，激活和光大了中华优秀传统文化的基因，为人类文明新形态的伟大创造注入了强大精神文化力量，沟通了历史与时代、中国与世界。讲好雷锋故事，就要向世界阐释和宣介具有中国特色、体现中国精神、蕴藏中国智慧的优秀传统文化，就要讲清楚中国自古以来“亲仁善邻”的政治理念、“世界大同”的美好愿景、“和而不同”的文化特质。

二是把握好“怎么讲”的问题，生动鲜活地讲述雷锋故事。讲好雷锋故事，创新表达方式至关重要。要真实、生动、鲜活地讲述雷锋故事，坚持事实、形象、情感与道理的有机统一。要进行春雨润物式的文化濡染，循循善诱、引人入胜，让聆听者领悟故事深处的思想、话语背后的“道”。要将“耳听”与“眼见”结合起来。可以通过参访调研、发起论坛、组织研习营等丰富多彩的形式，带领外国友人深入弘扬雷锋精神的场馆、遗址遗迹参观考察，向他们展示真实、立体、全面的雷锋形象。

三是把握好“谁来讲”的问题，打造适应国际传播需要的人才队伍。要充分发挥雷锋学院、雷锋纪念馆突出的教育优势、资源优势、人才优势，引导和鼓励教师、学员利用重大活动、重要节点和交流论坛等各种契机讲好雷锋故事。要适应国际舆论生态和媒体传播格局的新特点、新需要，努力培养专业扎实、外语娴熟、媒介素养高、胸怀天下、热爱祖国的国际化人才，为讲好雷锋故事、讲好中国故事提供强大的人才支撑。要把“自己讲”和“别人讲”结合起来。高校有很多外籍教师和国际留学生，他们对雷锋事迹的了解、对雷锋精神的感悟更为深刻，要帮助他们更加深入地了解雷锋精神的核心内涵和文化基因，推动他们成为雷锋故事的传播者、雷锋精神的弘扬者。

立足岗位学雷锋 争做时代螺丝钉

罗慧玲*

新时代新征程，新使命新担当。站在“两个一百年”的历史交汇点，面对中华民族伟大复兴的历史使命，我们应该如何学雷锋？习近平总书记叮嘱我们，学习雷锋精神，就要把崇高的理想信念和道德品质追求融入日常的工作生活，在自己岗位上做一颗永不生锈的螺丝钉。

一、认识优秀职业人雷锋

雷锋很酷。他会写作，会演讲，会吹拉弹唱，是个文艺青年；他开着“解放”牌大卡车，是个有文化的技术人员。在那个年代算是又潮又酷了。

雷锋爱美。他喜欢照相，也很爱美，每次照相总是梳点小刘海，白衬衣翻到领子外面，露出甜甜的笑脸。

雷锋是个“万人迷”。他辅导过上千名小学生，他和战友们同甘共苦，大爷大娘大嫂有啥困难，他总是伸把手帮个忙，大家都很喜欢他。

雷锋也是“高富帅”。他技术水平高，工资水平也算高，人也长得帅。

雷锋还是“高大上”。他思想觉悟高，捐款数额大，是勤俭节约的上等楷模。

雷锋，不仅热情友善、幸福快乐，还有知识、有技术；不仅是忠于祖国、乐于奉献的战士，还是技术超群，精益求精的职业达人。雷锋6年职业生涯，

* 作者系长沙职业技术学院党委副书记。

经历了4个职业岗位——公务员、农民、工人、战士。雷锋的所有岗位都在基层，他能吃苦、肯奋斗，在平凡的岗位上心甘情愿做一颗“螺丝钉”，干一行爱一行，专一行精一行，行行都将工作做到极致，获奖记功多次，成为一名优秀的职业人。

二、学习雷锋的优秀品质

一是报效祖国，服务人民。“如果你是一滴水，你是否滋润了一寸土地？如果你是一缕阳光，你是否照亮了一分黑暗？……” 著名的“雷锋七问”写于1958年6月团山湖农场，清新明快、意境高远，揭示了“生命的价值在于奉献”的深刻哲理。那时，18岁的雷锋驾驶拖拉机耕耘祖国大地，无比骄傲，无比豪迈，对未来充满信心，对工作充满喜悦。这一切都源于感恩。雷锋感党恩、听党话、跟党走。他说：“我是苦里生，甜中长，我要把一切献给人民、献给党。”“我就是长着一个心眼，我一心向着党，向着社会主义，向着共产主义。” 雷锋对党忠诚集中体现在他的职业选择中，从“白领”到“蓝领”，从“高薪”到“低薪”，从“舒适”到“艰苦”，职业选择的价值取向就是到祖国最需要的地方去。

二是爱岗敬业，精益求精。“干一行爱一行，专一行精一行”的螺丝钉精神和钉子精神是雷锋职业精神的集中体现。雷锋有着螺丝钉般的敬业精神。他钻研汽车电路，画下电路图；他驾驶技术高超，8万公里无事故。雷锋有着钉子般的钻研精神。在鞍钢，他硬是把“耗油车”修成了“节能车”；在部队，他自己动手做了一个固定驾驶台。他不仅钻研技术，还钻研哲学，雷锋把毛主席著作比作“粮食”“武器”“方向盘”，他如饥似渴地学习，不断践行反省，把感想写进了日记。正是这种持之以恒的学习让雷锋树立起科学的世界观和人生观，为今后的发展夯实了坚实的基础。

三是积极主动，团结协作。雷锋积极主动，想做的事不会轻易放弃，哪怕困难重重，也要朝着目标前进。雷锋善于团结协作，具有大局意识和整体观念。他说：“一朵鲜花打扮不出美丽的春天，一个人先进总是单枪匹马，众人先进才能移山填海。”雷锋对同志像春天般温暖，对工作像夏天般火热，对个人主义像秋风扫落叶，对敌人像严寒残酷无情。他立场坚定，爱憎分明，对战友、对学生、对群众就像对待家人那样充满关心关爱。雷锋“出差一千里，好事做了一火车”。雷锋的热情友善和真诚奉献，感动了千千万万中国人。雷锋成为“中国好人”的代名词，成为一座不朽的道德丰碑。雷锋春天般的温暖传递了60多年，雷锋精神的种子已播散在祖国大地上生根开花。

三、争做新时代的螺丝钉

一个人有怎样的理想信念就有怎样的工作态度和工作方式。雷锋心里总是装着祖国和人民，对祖国和人民高度负责。雷锋在工作中呈现出乐于奉献的“傻子”精神，爱岗敬业的“螺丝钉”精神，开拓创新的“钉子”精神。雷锋精神的实质就是全心全意为人民服务，雷锋精神所包含的理想信念、奉献精神、敬业精神、创新精神、创业精神，正是建设社会主义现代化国家最需要的精神品质。

时代呼唤雷锋精神。2015年3月4日，中宣部向全社会公布了第一批50名全国岗位学雷锋标兵，各行业出现了大批优秀的雷锋式职业人。2023年2月，习近平总书记对深入开展学雷锋活动作出指示：“让学雷锋活动融入日常、化作经常，让雷锋精神在新时代绽放更加璀璨的光芒。”

长沙职业技术学院是如何将学雷锋落实到行动上的呢？那就是大力倡导“立足岗位学雷锋，争做时代螺丝钉”，发出“铸雷锋品质 做职业达人”的口号，通过职业化路径大力推进学雷锋常态化。学校将雷锋精神融入校园文化，建成全国首家“雷锋精神职业教育展示馆”和“雷锋精神职业教育实践教学基地”；将雷锋精神融入课程体系，创建了“雷锋精神传承与创新资源库”，对接产业开发了20门在线开放课程；将雷锋精神融入日常管理，开展师生常态化学雷锋的“三创三评”活动，与山河智能、阳光大姐等多家企业共建“雷锋班”，签订“培养雷锋式职业人”合作育人协议。2023年3月，学校牵头成立“全国雷锋精神职业教育联盟”，通过搭建“政校企社”合作育人平台，致力于为社会培养大批具有“螺丝钉”精神和“钉子”精神的“雷锋式职业人”。

习近平总书记指出："雷锋是时代的楷模，雷锋精神是永恒的。实现中华民族伟大复兴，需要更多时代楷模。"新时代，需要千千万万有理想、敢担当、能吃苦、肯奋斗的"雷锋式职业人"。我们倡导全社会职业人"立足岗位学雷锋，争做时代螺丝钉"，俯下身子，沉下心来，专注专业，坚守岗位，在实践中经风雨见世面，壮筋骨强本领，不断积累经验，掌握核心技术，练就高强本领，担当民族复兴使命，为建设社会主义现代化强国作出更大贡献。

论坛征稿优秀论文篇

雷锋精神在人类文明新形态中的价值

曾长秋*

1963年3月5日，毛泽东主席题词“向雷锋同志学习”。从此，《学习雷锋好榜样》《唱支山歌给党听》等歌曲传唱大江南北；八一电影制片厂拍摄的《雷锋》电影以及《雷锋日记》《雷锋故事》等书籍，人人争相传看。雷锋精神以共产主义战士雷锋的名字命名，其人其事成为全国人民学习的榜样。党的十八大以来，习近平总书记对如何弘扬雷锋精神作出了一系列重要论述，指出雷锋是时代的楷模，雷锋精神是永恒的。雷锋不朽，精神永恒，值得我们世代传承。

雷锋牺牲以后，《中国青年》把1963年第5、6期合刊作为宣传雷锋的专辑，并通过毛泽东的秘书林克请毛泽东题词。毛泽东题词时没有采用林克草拟的10多条句子，他对林克说：“学雷锋不是学他哪一两件先进事迹，也不只是学他的某一方面的优点，而是要学他的好思想、好作风、好品德；学习他长期一贯地做好事，而不做坏事；学习他一切从人民的利益出发，全心全意为人民服务的精神。当然，学雷锋要实事求是，扎扎实实，讲究实效，不要搞形式主义，不但普通干部、群众学雷锋，领导干部也要带头学，才能形成好风气。”这是毛泽东关于学雷锋活动的一段重要讲话，从此，雷锋的名字响彻神州、享誉全球，雷锋精神有口皆碑、广泛传扬。

雷锋是平凡而伟大的共产主义战士，他一生模范地践行共产党员“为人

* 作者系中南大学马克思主义学院教授、博士生导师，湖南省党史人物研究会副会长。

民服务”的宗旨。正如《雷锋日记》中写道：“人的生命是有限的，可是为人民服务是无限的，我要把有限的生命投入到无限的为人民服务之中去。”周恩来总理的题词“憎爱分明的阶级立场，言行一致的革命精神，公而忘私的共产主义风格，奋不顾身的无产阶级斗志”，是对雷锋精神全面而系统的概括。雷锋精神的内涵是：热爱党、热爱祖国、热爱社会主义的崇高理想和坚定信念；服务人民、助人为乐的奉献精神；干一行爱一行、专一行精一行的敬业精神；锐意进取、自强不息的创新精神；艰苦奋斗、勤俭节约的创业精神。雷锋精神集中体现出爱国主义、集体主义、社会主义思想，是中国精神、中国价值、中国力量的完美彰显。无论时代如何变迁，雷锋精神不但永不过时，而且在新时代绽放出更加璀璨的光芒。

雷锋在多个岗位上奋斗过，通讯员、拖拉机手、推土机手、汽车兵。无论在何种岗位，雷锋都非常热爱自己的工作，这种干一行爱一行、专一行精一行的工匠精神和职业品德，在任何时代都是需要的。雷锋处处为国家着想、事事要精打细算。在雷锋身上，鲜明地体现了艰苦奋斗和勤俭节约的中华传统美德。雷锋身高只有1.54米，体重不足55公斤，只有小学文化，却取得了突出的成绩。雷锋于1960年入党，当兵3年期间立过二等功1次、三等功3次。人们流传着这样一句话：“雷锋出差一千里，好事做了一火车。”一个人做几件好事并不难，难的是一辈子做好事。他的生命定格在22岁，以短暂的一生谱写了无比壮丽的人生诗篇，树起了一座令人景仰的思想道德丰碑。雷锋出生在长沙，作为一个自然人，是中国的；当雷锋成为一种道德标识、精神载体的时候，就不仅是中国的，更是世界的。雷锋精神是中华民族优秀品质的时代写照，又与人类文明新形态倡导的价值相契合。

人类文明新形态是习近平总书记在庆祝中国共产党成立100周年大会讲话时提出的新概念。习近平总书记指出：“我们坚持和发展中国特色社会主义，推动物质文明、政治文明、精神文明、社会文明、生态文明协调发展，创造了中国式现代化新道路，创造了人类文明新形态。”人类文明新形态是东方文明、中华文明的新形态，是社会主义现代化文明的新形态，是中国特色社会主义文化的新形态，是人的全面发展的新形态。雷锋精神适应人类文明发展的规律和趋势，具有历史的穿透力和震撼力，符合新时代人类共有的价值追求。

当前，全国上下正按照党的二十大的决策部署，踔厉奋发、勇毅前行，以中国式现代化全面推进中华民族伟大复兴。中国式现代化是我们党领导的社会主义现代化，既有各国现代化的共同特征，更有基于国情的中国特色，其中之一就是物质文明和精神文明相协调。2009年，雷锋被评为“100位新中国成立以来感动中国人物”。2021年9月，党中央批准了中央宣传部梳理的第一批纳入中国共产党人精神谱系的伟大精神，雷锋精神被纳入其中。

60多年来，中国经历了深刻的社会变革。雷锋不仅没有随时代的发展被淡忘，而且已从一个典型人物衍生为一种社会文化，成为社会主义中国的道德标杆，雷锋精神始终是一面永不褪色的旗帜。雷锋以平凡而伟大书写时代华章，雷锋精神是中国共产党人宝贵的精神财富，更是全社会加强思想道德建设，积极培育和践行社会主义核心价值观的标杆和旗帜。雷锋精神“为什么这样红”？因为雷锋精神代表了社会主义先进文化。大力发展社会主义先进文化，要加强理想信念教育，践行社会主义核心价值观，更好地促进人的全面发展。文明因交流而多彩，文明因互鉴而丰富。为什么说雷锋精神在人类文明新形态中具有正能量的价值呢？因为中国共产党是为中国人民谋幸福、为中华民族谋复兴的党，也是为人类谋进步、为世界谋大同的党。弘扬雷锋精神，正是践行共产党人的初心使命。

首先，共产党人推动构建人类命运共同体、弘扬全人类共同价值，可以从雷锋精神中找到因子、汲取滋养。社会是一个共同体，人人奉献爱心，大家互帮互助，我为人人、人人为我，这样的生活人人向往，这也是雷锋精神深植民众、历久弥新的原因。弘扬和传承雷锋精神，可以治理社会乱象、匡正道德失范、矫正诚信缺失、培育良好社会心态，实现社会文明的跃升。心有所信，方能行远，我们要以雷锋精神为引领，筑牢信仰之基，汲取前行力量。雷锋精神为人类文明新形态提供了可以参照的载体，其中蕴含的仁爱互助的交往伦理，更是推动构建人类命运共同体应遵循的社会道德规范。我们既要把雷锋精神承载的中华传统美德、全人类追求的共同价值讲得鲜活、讲得生动，也要注重文化融通，抓住人世间普遍的真善美，获得道德情感上的共鸣。

其次雷锋因其大爱的胸怀而成为践行人类共同价值的真实样本。雷锋精神不仅释放了中华文明的文化张力，而且为人类文明新形态的伟大创造注入了强劲的精神活力。雷锋精神不仅体现共产党人的初心使命，也是中国志愿服务精神的道德源头，更是新时代文明实践的价值遵循。推动“学雷锋”志愿服务常态化、可持续发展，需要进一步丰富和拓展“学雷锋”活动的平台载体和实践形态。2001年，是国际志愿者年，时任联合国秘书长科菲·安南，将志愿精神概括为服务、团结的理想和共同使世界变得更美好的信念。在我国，“奉献、友爱、互助、进步”已成为志愿精神的核心。在世界面临诸多风险挑战的今天，弘扬志愿精神更具意义。

雷锋不朽，精神永恒。1989年3月18日，全国首个社区志愿服务组织诞生于天津和平区新兴街道，就以“学雷锋、做好事”为宗旨。如果我们每一个人都以雷锋为榜样，像雷锋那样“活着只有一个目的，就是做一个对人民有用的人”，通过“学雷锋、做好事”，崇德向善、见贤思齐，那么中国式现代化的道德根基就会更加坚实，奋进力量就会更加凝聚。

人民有信仰，民族有希望，国家有力量。《新时代爱国主义教育实施纲要》要求把爱国主义教育融入新时代文明实践、学雷锋志愿服务、精神文明创建之中，引导人们自我宣传、自我教育、自我提高。这些基本要求表明，学习雷锋和弘扬雷锋精神已成为我国公民道德建设和爱国主义教育的主旨。为了将学雷锋活动常态化，长沙成立了“学雷锋活动指导处”。我们要通过精准化、常态化的学雷锋志愿服务活动，帮困助困解困，建设传承雷锋精神、弘扬时代新风、培育时代新人的精神家园。雷锋精神不仅是中华民族道德力量的传承，而且远播重洋。在美国西点军校，大厅里挂着5位战士肖像，雷锋肖像排在第一位。美国企业家温戴克说，雷锋精神是人类共有的，应把雷锋精神弘扬到全世界。雷锋精神不仅属于中国，而且属于世界。无论社会如何发展，经济如何发达，雷锋精神永远不会过时。

半个多世纪以来，许多感动中国的模范人物与雷锋有关。朱伯儒被称作“80年代新雷锋”，赵春娥被叫作“活雷锋”，徐虎“谱写了一曲新时代的雷锋之歌”，独臂英雄丁晓兵“如当年的雷锋一样感人”；还有当代雷锋精神的传人郭明义、孔繁森、郑培民、李国安、徐洪刚、李素丽、孙茂芳、庄仕华、张桂梅、张黎明等，撑起了中国精神的脊梁，成为“时代楷模”“道德模范”和“中国好人”。千万个雷锋班组、雷锋车队、雷锋之家、雷锋驿站、雷锋公园等，以雷锋精神为灯塔，为新时代中国特色志愿服务导航。我们是雷锋家乡人，更应该做雷锋传人。同时，将英模人物的故事告诉海内外华人以及外国友人，同样具有传播正能量的积极意义。

时至今日，更多的人在书写新时代的雷锋故事、延续新时代的雷锋精神。雷锋精神之所以薪火相传、生生不息，就是因为它具有强大的生命力。从根本上说，雷锋精神的生命力在于雷锋精神产生于社会主义建设的实践，符合时代进步的潮流；在于雷锋精神与我们党全心全意为人民服务的宗旨相一致，展示了共产党人的品格；在于雷锋精神继承了中华民族几千年的优良传统，体现了伟大的民族精神；在于雷锋精神贴近实际、贴近群众、贴近生活，反映了广大人民群众对建设美好社会、创造美好生活的迫切愿望；在于雷锋精神与人类文明新形态倡导的价值相契合，符合人类文明发展的规律和趋势。

向世界讲好中国故事

——以雷锋精神海外传播为例

李师孟*

党的十八大以来，习近平总书记对弘扬雷锋精神作出了一系列重要论述，指出："让学雷锋活动融入日常、化作经常，让雷锋精神在新时代绽放更加璀璨的光芒。"60多年来，雷锋精神不仅在国内深入人心，在海外也广为传播，美国《时代周刊》曾称赞：雷锋品牌是中国人民也是全人类共同的精神财富。[①]

一、雷锋精神是全人类共同的精神价值

1963年3月5日，《人民日报》刊发毛泽东"向雷锋同志学习"的题词。自此，人们对雷锋精神的认识一直随着时代发展而不断深化。2012年3月，中共中央办公厅印发的《关于深入开展学雷锋活动的意见》指出，要大力弘扬雷锋热爱党、热爱祖国、热爱社会主义的崇高理想和坚定信念，弘扬雷锋服务人民、助人为乐的奉献精神，弘扬雷锋干一行爱一行、专一行精一行的敬业精神，弘扬雷锋锐意进取、自强不息的创新精神，弘扬雷锋艰苦奋斗、勤俭节约的创业精神。雷锋精神能由国内传播到海外，就是因为雷锋精神从本质上体现了全人类共同的价值追求。

雷锋精神蕴含的爱国主义的精神品质是雷锋精神走向海外的重要基础。在我国，热爱党、热爱祖国、热爱社会主义在本质上是统一的。雷锋在

---

* 作者系中央礼品文物管理中心馆员。

① 李剑锋.雷锋，永远行进在我们的队伍里[N].解放军报，2019-03-06.

日记中写道："我就是长着一个心眼，一心向着党，向着社会主义，向着共产主义。"对祖国的深沉热爱、对共产主义的坚定信仰，始终是雷锋奋斗进取、勤奋工作、奉献社会的强大精神支撑和力量源泉。[①]任何国家都弘扬爱国主义，无论采取什么样的内容和形式，爱国主义始终是现代国家治理必备的思想武装，这在各个国家都是高度一致的。

雷锋精神蕴含的乐于奉献的精神品质传递出正确的义利观。国家和人民需要什么，雷锋就去做什么。当党号召大办农业时，雷锋主动申请到农业生产第一线做一名农民；当党号召加强工业建设时，雷锋就毫不犹豫地从南方家乡来到北方当一名工人；当党号召青年入伍时，雷锋又经过多次恳求参军当了一名战士。雷锋乐于奉献的精神还体现在数不清的"小事"中，战友的家人生病，雷锋用自己的存款以战友名义寄到他家里，辽阳地区遭受百年不遇的洪水灾害，他将省吃俭用积存的100元钱寄给灾区。雷锋精神传递出传统的儒家文化沉淀和优越的社会主义制度相结合而孕育出的一种充满利他主义的高尚道德情操，[②]既是中国人民和中华民族先人后己、乐善好施的优秀传统美德，也集中体现着中国在国际舞台上始终秉持正确义利观的国家形象。随着中国文化的国际影响力日益提升，蕴含中华优秀传统文化特质的雷锋精神必然吸引世界的关注。

雷锋精神蕴含的拼搏进取的精神品质呼应时代需要。雷锋常用螺丝钉来比喻自己、激励自己，愿永远做一个螺丝钉。雷锋在当汽车兵时，刻苦学习驾驶技术，练就开车本领；反复摸索，找到排除故障的诀窍；积攒代用零件，节约保养成本。在社会主义建设事业中，正是有着千千万万像雷锋这样的劳动者，才让我国在短短数十年里走完发达国家几百年走过的路。

雷锋精神体现出的群众实践性为雷锋精神在海外的传播提供了广阔途径。雷锋作为一个普通的解放军战士，在为国家奋斗、为人民服务、为事业奉献的实践中，形成了鲜活的精神品质，一代代中国人在火热的"学雷锋"活动中接续奋斗，将雷锋个体的精神品质发展成富有时代内涵的集体性的雷

① 本书编写组.学党章党规 学系列讲话 做合格党员[M].北京：人民出版社，2016:163.

② 邹志鹏.雷锋精神的国际解读 属于人类社会的共同财富[N].人民日报，2012-03-05(15).

锋精神。在中国共产党人精神谱系中，像雷锋精神这样从一个基层战士、一个普普通通的劳动者身上发端，自下而上、由点带面发展形成的精神并不多见，群众实践性成为雷锋精神的一个鲜明特征。雷锋精神是身边优秀榜样的具象化，无论何种职业、年龄的人，无论身处什么样的发展阶段，雷锋精神都是易知、可感、能学的。正如习近平总书记指出："雷锋精神，人人可学；奉献爱心，处处可为。积小善为大善，善莫大焉。"有了群众实践的普遍特性，雷锋精神的海外传播就有了更为深厚的土壤。

二、雷锋精神在海外的传播和影响

雷锋精神的内涵和属性决定了雷锋精神不仅能在国内广为传播，也能远播到海外，是全世界共同的精神财富。60多年来，雷锋精神的内涵随着时代的变迁而发展，向海外传播的环境也随着我国对外政策的调整而变化，内外两方面的因素使得雷锋精神的海外传播大致经历了以故事讲述、实践带动、精神传递为主要特征的三个阶段。

（一）雷锋精神海外传播的酝酿起步阶段

20世纪60年代至70年代末，雷锋精神海外传播处于以讲述雷锋故事为主要特征的酝酿起步阶段。这一时期，学习雷锋侧重于强调其坚定的阶级立场和爱憎分明的阶级感情。①当时，我国尚未实行对外开放，特别是20世纪70年代以前，我国对外交往的国家数量还很有限。尽管存在这些不利因素，雷锋精神在国内广泛传播的同时，仍然依靠文本推介和少数在华外国人简单传播雷锋故事的方式进行了一定程度的海外传播。

在文本传播方面，据统计，截至1973年，已有28个国家翻译出版雷锋原创的叙事性读物《雷锋日记》《雷锋诗文集》，包括英文版、法文版、日文版、朝鲜文版、泰文版等。②一名美国学者曾指出，在美国，只要学过中文并对中国文化和现代、当代历史稍有了解的人，都或多或少知道这位中国士兵，因为

① 杨晓华.雷锋精神的时代嬗变[N].中国文化报，2013-03-11(3).
② 张秀丽，邵婷婷.雷锋精神的海外译介与传播路径[N].中国社会科学报，2023-04-24.

只要是和中国历史有关的书上，都能看到这个名字。一位越南退休军官说，“向雷锋同志学习”这句话在20世纪60年代的越南耳熟能详，越南人当年大都通过越南媒体了解了雷锋的一些事迹。[①]由此可见，20世纪六七十年代开始向海外推介雷锋故事，促进了雷锋精神的海外传播，雷锋这个名字在海外一些地域已不陌生。

来华的外国人对雷锋精神的感受更为深刻。例如，曾在中国工作50多年的泰国专家素察说：“雷锋的名气很大！就连毛主席也让大家向雷锋学习！我还会唱学雷锋的歌呢。”素察的夫人淑贤女士也经历过当时中国学雷锋的热潮。她说：“现在提出学雷锋，很合适，很有现实意义……要能吃苦耐劳、艰苦朴素……要学会为他人奉献、为大家做贡献，这也是中国文化的传统美德。学习雷锋不能停，要一直坚持下去，如果每个人都能为别人着想，人们的关系将变得和谐……如果中国重视雷锋精神，会在世界上引起很大影响的。”[②]当时在华外国使节还会受邀看展览，比如20世纪60年代有关部门进行学雷锋展览时，曾邀请10多个国家的使节参观，促进了雷锋精神以故事方式向海外传播。

这一阶段，雷锋精神在国内的广泛传播和实践，使雷锋精神得到人民大众的广泛认同，为雷锋精神在海外的广泛传播奠定了坚实的基础。

（二）雷锋精神海外传播的快速发展阶段

20世纪80年代至21世纪初，雷锋精神海外传播进入以实践带动为主要特征的快速发展阶段。党的十一届三中全会拉开了改革开放的序幕，我国进入以经济建设为中心的中国特色社会主义建设新时期，雷锋精神的内涵也相应发生了变化。1980年3月5日，《人民日报》转发《中国青年报》社论《新长征需要千千万万新雷锋》，强调学习雷锋集体主义和大公无私的“螺丝钉”品格。[③]20世纪90年代，雷锋助人为乐的形象被广泛宣传，无论退休老

① 国际社会热情赞扬雷锋精神[N].人民日报，2013-03-05(3).
② 刘歌.雷锋精神的国际解读 为他人着想最可贵[N].人民日报，2012-03-05(15).
③ 新长征需要千千万万新雷锋[N].人民日报，1980-03-05(4).

人还是幼儿园小朋友都积极参与“学雷锋”活动。21世纪初，雷锋精神集中体现为志愿者精神，出现了郭明义等“当代雷锋”典型人物。

这一时期，雷锋精神由群众运动和色彩浓重的政治符号，转变为服务经济建设和社会发展的精神文化坐标，这种转变极大地促进了雷锋精神的海外传播。同时，我国与大部分国家建交，中外经济文化交流合作活跃，电视、互联网等传播媒介兴起和普及，这些都是雷锋精神走向海外的有利因素。雷锋精神的海外传播有了新表现：

一是雷锋精神的广泛宣传吸引了外国人主动学雷锋。参观雷锋出生地湖南和入伍地辽宁的两座纪念馆，是改革开放后外国人来华学习雷锋精神的一个重要途径。20世纪90年代以来，参观过纪念馆的外国人有的留言表示要把介绍雷锋的文章和他的日记翻译成外文，让他们国家的更多人学习了解[①]；有的留言“这里所体现的毫不利己、关心他人、关心最贫困和最穷苦人的精神，对全人类都有指导意义”[②]；还有的留言“要和更多的人一起，把雷锋精神弘扬到全世界”[③]。这些外国人通过在参观学习中接受雷锋精神的宣传教育，有条件将雷锋精神带到自己的国家，促进雷锋精神海外传播。

二是全民学雷锋活动带动外国人有意识地做雷锋。来自美国的罗杰斯任锦州商业银行国际部经理助理期间，把雷锋精神当成做好工作的重要准则，他全心全意为客户服务，慰问脑瘫患儿，救援在海外遇到困难的中国留学生，还翻译了《雷锋日记》，被亲切地称为“洋雷锋”。有中国留学生在国外出了车祸，被一名当地军人救助，当他们询问对方姓名时，这位外国的好心人说自己是“雷锋”。这一时期，已有不少外国人在中国或者其他国家有意识地效仿雷锋，为有需要的人提供帮助。[④]美国国防部的办公室也挂着雷锋的照片，美军军官认为，无论是中国军人还是美国军人，都应该具备雷锋的牺牲奉献精神。[⑤]根据2005年3月的一次统计，当时雷锋精神已在美国、日本、新加坡

① 刘畅. 超越时空的精神财富——国际友人学雷锋散记[J]. 党史纵横，1998(03):46.
② 赵成. 雷锋精神 超越国界的感动[N]. 人民日报，2012-05-07(23).
③ 雷锋属于世界[N]. 人民日报，1990-02-02(3).
④ 刘畅. 超越时空的精神财富——国际友人学雷锋散记[J]. 党史纵横，1998(03):46.
⑤ 张秀丽，邵婷婷. 雷锋精神的海外译介与传播路径[N]. 中国社会科学报，2023-04-24.

和朝鲜等30多个国家生根发芽,海外雷锋精神传人达3000多万人。[①]

三是我国一些驻外机构开始对外宣传雷锋精神。作为雷锋传人的中国维和工程兵在利比里亚执行维和任务期间,为当地民众做了大量好事实事。他们利用空余时间向当地人介绍雷锋事迹,向当地高校赠送中英文对照的《雷锋故事》等宣传资料。2004年3月,维和官兵在营地建立起非洲大地上第一个雷锋主题展室,接待了埃塞俄比亚、孟加拉国、爱尔兰、国际红十字会等国家和国际组织的人员参观。利比里亚一位地方官员参观后留言:"我知道中国工程兵为什么出色,因为他们都是雷锋。"[②]

(三)雷锋精神海外传播的高质量发展阶段

新时代以来,雷锋精神海外传播开始进入以传递精神为特征的高质量发展阶段。在推进"两个一百年"奋斗目标的过程中,涌现出众多学习践行雷锋精神的优秀人物和事迹,雷锋精神愈发催人奋进。对外交往方面,我国统筹国内国际两个大局,积极推进与建交国家发展伙伴关系,积极参与和引领全球治理,推动构建人类命运共同体,中国日益走近世界舞台中央。2021年5月,习近平在中共中央政治局第三十次集体学习时强调:"要更好推动中华文化走出去,以文载道、以文传声、以文化人,向世界阐释推介更多具有中国特色、体现中国精神、蕴藏中国智慧的优秀文化。"雷锋精神海外传播有了前所未有的有利条件,我国积极主动推进雷锋精神走出去。

一是共建"一带一路"倡议促进雷锋精神成为中外民心相通的重要桥梁。民心相通是共建"一带一路"的社会根基和人文基础,雷锋精神有力促进了中外人民心连心。中国企业在海外参与共建"一带一路"过程中,积极发扬雷锋精神,在给外国人民带来实惠的同时,也让他们感受到雷锋精神蕴含的温暖和力量。例如,在安哥拉活跃着中国"电建雷锋",当地民众表示:"我们会永远记住中国的雷锋……我们一定要向你们学习,让'电建雷锋'精神在

---

① 雷锋精神出国门 学雷锋志愿者超过3000万人[EB/OL].[2005-03-01].https://www.dzwww.com/shandong/sdnews/200503/t20050301_981794.html.

② "雷锋精神"在中国和世界传扬[EB/OL].[2007-08-07].http://cpc.people.com.cn/GB/64093/64387/6081630.html.

我们的学校、我们的家园、我们的国家开花结果。”类似事例不胜枚举，中国企业履行社会责任不分国界，用实际行动传播雷锋精神，为“一带一路”高质量发展和促进民心相通贡献力量，使雷锋精神的海外传播有了持续动力。

二是主动“走出去”带动雷锋精神海外传播向纵深发展。2018年3月，“一带一路·雷锋同行”文化交流系列活动在马来西亚举行，这是我国走出国门宣讲雷锋故事、展示雷锋精神的首创之举。马中友好协会会长马吉德表示：“雷锋精神十分值得我们学习，生命的意义不在于活了多久，而在于做了多少好事，雷锋就是马来民众的模范。”[①]雷锋精神的海外传播得到充分肯定和响应。以驻马里维和官兵为例，他们不仅在执行任务中践行雷锋精神，还建起一座雷锋纪念馆，使外国观众感受到雷锋精神中包含着担当、专业、勤奋、友善，同时把雷锋精神带到了全世界。[②]雷锋精神持续发挥着巨大影响，一些国家政府和官方媒体主动向其国民推介。例如：泰国政府印发《雷锋》小册子，号召民众学习雷锋精神；印度的《印度时报》以“中国希望民众做好事”为题介绍了中国的学雷锋活动。

三是雷锋精神海外传播引起中外学者的研究思考。在国内，部分学者关注到雷锋精神的海外传播，由过去表面化的陈述现象、列举事例，深入到研究这种传播的原因和影响。这些研究体现了学术界对雷锋精神海外传播的深入思考，对推动雷锋精神海外传播进一步发展有很大的指导价值。在国外，越来越多的外国人感受到中国多年来飞跃式的进步和发展离不开人们对雷锋精神的继承与实践，也主动研究雷锋精神。[③]英文版的《告诉你一个真实的雷锋》是解读雷锋精神的重要书籍之一，2017年3月该书在英国发行的时候，曾在英国第二大会所——全国自由俱乐部举办过主题报告，让英国听众深受感动，不少人在报告结束后上台发表感想。[④]美国的“学习雷锋研究会”专门学习和研究雷锋的优秀事迹，鼓励人们为社会做好事。2024年

---

① “一带一路·雷锋同行”报告会在马来西亚顺利举行[N/OB].中国日报网，2018-03-07.

② 在西非任务区续写雷锋故事——记中国第九批赴马里维和部队[EB/OL].[2022-8-20].http://www.mod.gov.cn/action/2022-08/20/content_4918863.htm.

③ 外国人眼中的雷锋：中国的飞跃式发展离不开对雷锋精神的继承[N].北京日报，2023-03-04.

④ 陶克.雷锋：人类生活的美好向往[M].武汉：湖北教育出版社，2023:246.

3月，华中师范大学“洋雷锋”志愿者服务队中来自17个国家的23名成员集体发出“雷锋精神是中国的，也是世界的，我们都是雷锋精神传播者”的倡议书，表达了向全世界讲好雷锋故事、传播雷锋精神的美好愿望。

三、雷锋精神海外传播的启示和展望

党的二十大报告提出，要增强中华文明的传播力和影响力，提炼展示中华文明的精神标识和文化精髓，加快构建中国话语和中国叙事体系，讲好中国故事、传播好中国声音，展现可信、可爱、可敬的中国形象。发挥好雷锋精神面向世界讲好中国故事的作用，对于展现中国形象，促进中国在国际文化激荡中站稳脚跟具有重要意义。

一是要坚定文化自信，进一步丰富雷锋精神的时代内涵。中国特色社会主义进入新时代，习近平总书记站在坚持和发展马克思主义的战略和全局高度，创造性地提出“两个结合”的重大论断，深刻阐述马克思主义基本原理同中国具体实际相结合、同中华优秀传统文化相结合的内在逻辑、历史必然和重大意义。雷锋精神在社会主义建设实践中产生，又在中国特色社会主义事业中发展，其中蕴含着爱国、奉献、拼搏、勤俭等中华优秀传统文化精髓，厚植于中华文明的沃土。在中国共产党领导中国人民奋进新时代中国特色社会主义伟大事业的实践中，雷锋精神不断发挥出指引作用，鼓舞各行各业的劳动者踔厉奋发、勇毅前行，这是雷锋精神持续深入走向海外的内在动力。坚定文化自信，文化主体性就会更加巩固，也就有了文化意义上更加坚定的自我，中国共产党就有了引领时代的强大文化力量，中华民族和中国人民就有了国家认同的坚实文化基础，中华文明就有了和世界其他文明交流互鉴的鲜明文化特性。①习近平总书记强调：“我们有本事做好中国的事情，还没有本事讲好中国的故事？我们应该有这个信心！”要让雷锋精神大踏步向海外传播，就需要进一步坚定文化自信，在不断丰富时代内涵中永葆生命力。

二是以推动构建人类命运共同体为契机，带动雷锋精神的海外传播。从微观层面来看，中国长期以来赴海外执行维和、医疗、救援等具体任务是

① 辛鸣. 让一切文化创造源泉充分涌流[N]. 人民日报，2023-11-10(13).

践行雷锋精神的具体表现。如果放到更宏阔的视野来看，新时代中国在同外国尤其是发展中国家交往时，始终坚持真实亲诚理念和正确义利观，始终秉持国际主义和人道主义精神，中国人民和中华民族彰显出的就是雷锋精神。近年来雷锋精神的海外传播证明，雷锋精神受到世界人民的广泛认可。党的十八大以来，以习近平同志为核心的党中央站在人类历史发展进程的高度，高瞻远瞩地提出推动构建人类命运共同体。这一重大倡议为人类社会实现共同发展、持续繁荣、长治久安指明了方向和途径，产生了广泛而深远的国际影响。这是一个宝贵的历史契机，在海外已有一定传播基础的雷锋精神能够成为向全世界推介人类命运共同体的重要精神高地，而构建人类命运共同体也能成为整体性塑造我们国家和民族“雷锋形象”、带动雷锋精神朝着更深更广的方向传播的一个有力抓手。

三是在守正创新中做好顶层设计，以正确策略促进高质量传播。党的二十届三中全会通过的《中共中央关于进一步全面深化改革、推进中国式现代化的决定》强调“构建更有效力的国际传播体系”，对进一步推进国际传播格局重构、全面提升国际传播效能提出了明确要求。要加快构建中国话语和中国叙事体系，将雷锋精神、雷锋故事及其背后的中华文化、中国故事与国外受众的文化传统、接受习惯等结合起来，在坚守中华文化基本立场不动摇的前提下，进一步挖掘融通中外的契合点，用国际化语言讲好雷锋故事、传播雷锋精神。要推动文明交流合作机制建设，发挥好官方和民间的互补优势，通过政府、媒体、企业、社团以及个人协同发力，在充分继承已有工作成果的基础上，参与到雷锋精神的国际交流传播中。要进一步适应信息技术的发展，深入研究不同受众的不同需求和接受特点，善于利用先进信息技术构建起多渠道、立体式传播格局，实现国内和国外、线下和线上、传统媒体和新媒体的精准施策和精准传播，实现雷锋精神更好的国际传播效果。[①]

① 殷乐.面向世界讲好中国故事 全面提升国际传播效能[N].人民日报，2024-08-22(9).

习近平总书记关于雷锋精神的重要论述研究

黎丽菁[*]，贺一松[**]

雷锋精神是构筑中国共产党人精神谱系的重要元素。党的十八大以来，习近平总书记以"雷锋精神是永恒的""雷锋精神是社会主义核心价值观的生动体现"和"以实际行动书写新时代的雷锋故事"等为核心内容作出重要论述，成为新时代学界对雷锋精神及其相关问题进行学理探究的新起点和大思路，也是弘扬共产党人精神谱系的理论指南。

一、正确把握"雷锋精神是永恒的"

雷锋精神的形成和丰富有其特定的社会历史文化背景和现实文化条件。雷锋精神不是短暂的、瞬间的产物，而是经过时间沉淀和历史检验的宝贵财富。雷锋精神体现了中华民族传统美德和社会主义核心价值观，是激励人们不断前行的强大精神力量。雷锋精神具有强大的生命力和影响力。尽管时代在变迁，但雷锋精神始终保持着独特的魅力和时代价值。雷锋精神倡导的爱国主义、集体主义、无私奉献等价值观念，不仅在当时具有重要意义，在今天仍然具有深远的现实意义。正确把握"雷锋精神是永恒的"，就是要深刻理解雷锋精神的内涵本质和价值意义，充分认识雷锋精神在不同

---

* 作者系江西农业大学马克思主义学院硕士研究生。

** 作者系江西农业大学党委宣传部部长、副教授。

基金项目：2023年陕西高校学生工作研究课题"新时代高校青年学习弘扬雷锋精神效能提升研究"（2023XKT57）。

时代背景下所发挥的重要作用。我们要积极传承和弘扬雷锋精神，将雷锋精神融入日常工作和生活之中，为实现中华民族伟大复兴的中国梦贡献自己的力量。新时代，我们要继续深化对雷锋精神的研究和宣传，推动学雷锋活动不断拓展内容、创新形式、丰富载体，让更多的人了解雷锋精神，激发全社会的道德热情和奉献精神。只有这样，我们才能更好地继承和发扬雷锋精神的优良传统，为新时代伟大变革注入不竭的精神动力。

（一）雷锋精神不是短暂的精神而是永恒的精神

从历史的角度来看，雷锋精神是在特定的社会历史文化背景下形成的，它体现了中华民族优秀传统美德和社会主义核心价值观。习近平总书记反复强调："雷锋是时代的楷模，雷锋精神是永恒的。"①从现实的角度来看，雷锋精神具有鲜明的时代内涵和实践要求。新时代，我们仍然需要雷锋精神引领社会风尚，激励人们积极向上、助人为乐、无私奉献。雷锋精神对于推动社会进步、实现民族复兴具有重要意义。从未来的角度来看，雷锋精神依然具有重要的推动作用。随着时代的发展和社会的进步，我们需要不断弘扬雷锋精神，将其融入日常工作和生活中，为实现中华民族伟大复兴的中国梦贡献自己的力量。同时，我们也要积极传承和弘扬雷锋精神，让其在新时代焕发出更加璀璨的光芒。作为当代共产党人的杰出代表，雷锋是一位当之无愧的共产主义者，他用短暂壮阔的人生践行了他日记中的所思所想："为了人类的解放事业——共产主义，我要献出自己的毕生精力和整个生命。"②正确把握"雷锋精神是永恒的"，就是要深刻理解雷锋精神的内涵本质和价值意义，充分认识到雷锋精神在不同时代背景下所发挥的重要作用。习近平总书记强调："对马克思主义的信仰，对社会主义和共产主义的信念，是共产党人的政治灵魂，是共产党人经受住任何考验的精神支柱。"

---

① 习近平. 解放思想锐意进取深化改革破解矛盾 以新气象新担当新作为推进东北振兴[N]. 人民日报，2018-09-29(1).

②《雷锋》杂志. 见证人讲述：雷锋日记[M]. 北京：人民出版社，2018:158.

（二）雷锋精神不是固化的精神而是流变的精神

首先，雷锋精神是在实践中不断发展的。雷锋精神并不是一种僵化的教条或固定的行为模式，而是随着时代的变化和社会的发展而不断演变和丰富。在不同的历史时期和社会环境中，雷锋精神都得到了新的诠释和拓展，以适应社会的需求和人民的需要。其次，雷锋精神的内涵具有开放性和包容性。雷锋精神不是局限于某个特定的领域或群体，而是广泛涉及社会生活的各个方面，包括爱国主义、集体主义、无私奉献等多个层面。这种广泛内涵使得雷锋精神能够在不同的社会领域中发挥作用，推动社会的进步和发展。再者，雷锋精神在新时代被赋予了更多的时代特征和现实意义。雷锋精神激发了人们的责任感和奉献精神，为社会的和谐稳定作出了重要贡献。雷锋精神是与时俱进、具有生命力的。我们要根据时代的变迁和社会的需求，不断丰富和发展雷锋精神的内涵，使其在新的历史条件下继续发挥重要作用。

二、深入理解“雷锋精神是社会主义核心价值观的生动体现”

雷锋精神的核心是无私奉献、艰苦奋斗、乐于助人等品质，这些品质正是社会主义核心价值观的重要组成部分。社会主义核心价值观强调爱国、敬业、诚信、友善等公民个人层面的价值准则，而雷锋精神中的许多元素恰恰体现了这些价值准则。雷锋精神是一种实践精神，鼓励人们在日常生活中践行积极向上的价值观和行为准则。这种实践性为培育和践行社会主义核心价值观提供了生动的现实范例。虽然雷锋生活在特定的历史时期，但他的精神却具有跨越时代的普遍意义。在当今社会，雷锋精神仍然具有重要的启示和引领作用，激励着人们追求真善美，积极投身于社会主义现代化建设。

（一）雷锋精神不是一元的精神而是多元的精神

雷锋精神的核心是全心全意为人民服务，是为了人民的事业无私奉献自己的一切。这个核心精神是始终如一的，体现了雷锋高尚的品质和道德追求。同时，雷锋精神具有多元性，在实际践行过程中，雷锋精神不断丰富和发展。在工作中，雷锋恪尽职守、兢兢业业；在生活中，雷锋勤俭节约、艰苦奋斗；在人际交往中，雷锋热情助人、诚实守信。这些多元化的表现，使得雷锋精神更加丰富多彩，也更加具有生命力和感染力。我们不能简单地将雷锋精神理解为一元或多元的对立关系，而应该看到其统一性和多样性。正是这种一元与多元的辩证统一，才使得雷锋精神历久弥新，成为激励人们不断前进的强大动力。习近平总书记在给“郭明义爱心团队”回信时，将雷锋精神描述为“当有人需要帮助时，大家搭把手、出份力”[①]的一元奉献；在十二届全国人大一次会议辽宁代表团审议时又将其延伸为“信念的能量、大爱的胸怀、忘我的精神、进取的锐气”[②]等多元表达。

（二）雷锋精神不是个人的精神而是阶级的精神

雷锋精神是在特定的历史背景下形成的，反映了那个时代的社会价值观和道德风尚。雷锋是工人阶级的一员，雷锋精神体现了无产阶级的革命感情、国家忠诚和优秀品质。因此，雷锋精神不仅仅代表雷锋个人的道德品质和精神追求，更是一种社会阶级精神的集中体现。

雷锋精神的核心是全心全意为人民服务，为了人民的事业无私奉献自己的一切。这种精神与社会主义核心价值观中的重要理念相吻合，使得雷锋精神成为社会主义核心价值观的具象化表达。习近平总书记多次强调：“党团结带领人民进行革命、建设、改革，根本目的就是为了让人民过上好日子。”[③]“中国共产党除了工人阶级和最广大人民群众的利益，没有自己特殊的利益。”[④] 雷锋“忠于革命忠于党”“立场坚定斗志强”的价值取向，始终集

① 习近平.习近平给“郭明义爱心团队”的回信[N].人民日报，2014-03-05(1).

② 新华社.习近平李克强俞正声分别参加全国两会一些团组审议讨论[N].人民日报，2013-03-07(1).

③ 习近平.坚持人民至上 不断造福人民 把以人民为中心的发展思想落实到各项决策部署和实际工作之中[N].人民日报，2020-05-23(1).

④ 人民日报评论部. 人民至上，中国共产党没有自己的特殊利益[N]. 人民日报，2020-08-19(5).

中反映着最广大人民群众的共同愿望和阶级诉求，不仅激励着一代又一代的人们追求高尚的道德品质，更推动着社会的进步和发展。雷锋精神所蕴含的无私奉献、艰苦奋斗等品质，成为推动社会主义事业发展的重要力量。“雷锋精神是社会主义核心价值观的生动体现”，雷锋精神既是时代的产物，也是历史的见证，更是未来前行的动力。我们应该深入理解和传承雷锋精神，让雷锋精神在新时代继续发扬光大，为构建和谐社会、实现中华民族伟大复兴的中国梦提供强大的精神支撑。

三、领会落实“以实际行动书写新时代的雷锋故事”

我们要深刻领会雷锋精神的内涵和时代价值。雷锋精神不仅是助人为乐、无私奉献等具体行为的体现，更是一种高尚的道德品质和精神追求。新时代，我们要将这种精神与社会主义核心价值观相结合，树立正确的世界观、人生观和价值观，积极传播正能量，引领社会风尚。同时，还要注重创新和发展雷锋精神。新时代赋予雷锋精神新的内涵和表现形式，我们要根据时代发展的需要和人民群众的需求，不断创新和发展雷锋精神的具体实践方式。例如，可以通过互联网和新媒体平台等现代技术手段，扩大雷锋精神的传播范围和影响力；可以通过开展形式多样的主题活动和文化创作，丰富雷锋精神的内涵和表现形式。

（一）雷锋精神不是形上的精神而是实践的精神

“以实际行动书写新时代的雷锋故事”，这不仅是对雷锋精神传承的呼唤，更是对其实践本质的深刻理解。雷锋精神不是一种形上的、空洞的精神理念，而是一种深深植根于实践之中的精神力量。随着时代变化发展，一种对雷锋精神的形上认识逐渐产生，主要表现为将学雷锋活动简单等同于复制或模仿雷锋的事迹，出现了“将军磨刀”[①]等尴尬笑谈，阻滞了雷锋精神的传播与弘扬。我们要认识到，雷锋精神的精髓在于其实践性。雷锋是一个身体力行的实践者，他用自己的实际行动诠释了无私奉献、助人为乐等高尚

① 文洁民. 将军，请别磨剪刀[J]. 唯实，2004(10):96.

品质。雷锋精神不是空洞的口号或理论，而是需要通过具体的行动来体现和传承。

新时代，我们要更加注重将雷锋精神转化为实际行动。我们要将雷锋精神融入自己的日常工作和生活中，从点滴小事做起，用实际行动去践行雷锋精神。无论是在工作中尽职尽责、勤奋努力，还是在生活中关心他人、助人为乐，都是对雷锋精神的具体实践。随着社会的发展和进步，雷锋精神也需要不断适应时代的需求和变化。同时，我们要不断反思和总结自己的实践经验和成果，只有这样，才能真正成为新时代的雷锋传人，让雷锋精神在新时代焕发出更加绚丽的光彩。

（二）雷锋精神不是抽象的精神而是具体的精神

学雷锋实践活动包含着雷锋精神由抽象到具体的逻辑演进。雷锋精神之所以具体，是因为雷锋精神体现在我们日常生活中的方方面面，无论是工作中的勤勉尽责，还是生活中的助人为乐，都是雷锋精神的具体体现。领会和落实“以实际行动书写新时代的雷锋故事”，要求我们深刻理解雷锋精神的具体内涵，将其融入自己的思想和行动中。这不仅仅是对雷锋精神的传承和发扬，更是对自己人生价值的追求和实现。我们要避免将雷锋精神抽象化、空洞化，而是要将其与具体的生活和工作相结合，让雷锋精神在日常生活中落地生根、开花结果。只有这样，我们才能真正将雷锋精神内化于心、外化于行，成为新时代的雷锋传人。

新时代高校青年学习弘扬雷锋精神效能提升研究

王栓萌*，李　赞**

一、新时代学习弘扬雷锋精神的逻辑阐释

人无精神则不立，国无精神则不强。新时代学习弘扬雷锋精神有其一脉相承的历史逻辑和文化使命，也是与时俱进的现实召唤和时代要求，无论是雷锋精神的本体和认知，还是学习弘扬雷锋精神的价值与方法，都有其内在的理论逻辑、历史逻辑和实践逻辑。

（一）学习弘扬雷锋精神的理论逻辑

理论是实践的先导，思想是行动的指南。有什么样的世界观就有什么样的方法论。学习弘扬雷锋精神是一个涉及教育学、心理学、社会学以及文化研究等多学科交叉的现实议题。

1.教育学中的内化理论是构建雷锋精神传承机理的理论基础

内化理论强调学习者在接收信息和概念之后，通过批判性思考、情感共鸣和实际操作，将外部知识和价值观转化为个人理解和行为模式。在弘扬雷锋精神的过程中，内化理论指导青年学生了解雷锋的事迹，深刻体验雷锋

* 作者系陕西师范大学马克思主义学院思想政治教育专业博士研究生、西安财经大学行知学院副教授。

** 作者系西安财经学院行知学院讲师。

基金项目：2023年陕西高校学生工作研究课题“新时代高校青年学习弘扬雷锋精神效能提升研究”（2023XKT57）。

精神内涵，从而在日常生活中践行雷锋精神。

2.心理学中的自我决定理论是激发雷锋精神传承动机的理论基础

自我决定理论强调内在动机在学习过程中的核心作用，认为当个体对学习内容具有内在兴趣或认为其与个人目标相关时，学习效果最佳。在弘扬雷锋精神时，要激发青年的内在动机，让他们从内心深处认同雷锋精神的价值，这样才能确保雷锋精神的真正传承。

3.社会学中的社会化理论是塑造雷锋精神传承环境的理论基础

社会化理论解释了个体如何通过社会互动和文化传递，习得社会规范和价值观。在高校环境中，要关注搭建学习弘扬雷锋精神的载体和平台，为学生创造一个彼此学习、模仿和互动的环境，从而促进雷锋精神的社会化过程。

4.文化研究中的认同理论是创设雷锋精神传承前提的理论基础

认同理论指出，个体通过理解和接纳特定文化符号，形成对所属群体的认同感。雷锋精神作为社会主义核心价值观的生动体现，其传承过程实际上是一个文化认同的过程，青年通过理解和接受雷锋精神，增强对社会主义意识形态的认同。

这些理论为我们理解雷锋精神的传承提供了多维度的视角，提醒我们在弘扬雷锋精神时，既要注重知识的传递，也要关注情感的共鸣，还要创造有利于内化和实践的环境，以及强化文化认同。通过综合运用这些理论，可以设计出更加有效的教育策略，帮助高校青年深入理解和传承雷锋精神。

（二）学习弘扬雷锋精神的历史逻辑

精神的建构是一个现实的、客观的、能动的形而上的过程，精神的传承是一个历史的、主观的、自觉的形而下的过程，两者互为表里，统一于同一思维过程。雷锋精神的建构与传承就是如此，既要考据雷锋的具体言论和事迹所蕴含的多维价值，也要迎合建构和诠释主体的价值立场、价值需求和价值判断。

1.雷锋精神的初步建构与践行:社会主义革命和建设时期

雷锋事迹和精神的宣传从1960年12月初就已经开始。《前进报》先后刊发了15篇雷锋日记和《解放后我有了家,我的母亲就是党》等多篇署名文章,雷锋事迹及其所蕴含的感党恩、报党恩、听党话,爱祖国、爱人民、爱社会主义的高尚品质已为人民群众所了解,在社会上有了一定的知名度和影响力。1963年2月,毛泽东应《中国青年》杂志请求,为宣传雷锋事迹和精神题词"向雷锋同志学习"。在解释为何题词"向雷锋同志学习"时,他说道:"学习雷锋不是学他哪一两件先进事迹,也不只是学他的某一方面的优点,而是要学他的好思想、好作风、好品德;学习他长期一贯地做好事,而不做坏事;学习他一切从人民的利益出发,全心全意为人民服务的精神。"这一论述从源头上指出了雷锋精神的实质就是全心全意为人民服务的精神,其具体内涵要从雷锋身上所展现的"好思想、好作风、好品德"中进行整体把握,为雷锋精神时代内涵的阐述留足了话语空间。

同年,周恩来第二次为学习雷锋题词时,开创性地将雷锋精神所蕴含的"好思想、好作风、好品德"概括为:"憎爱分明的阶级立场,言行一致的革命精神,公而忘私的共产主义风格,奋不顾身的无产阶级斗志。"①这是雷锋精神第一次由官方权威进行的、正式的、系统的、全面的总结,具有鲜明的革命叙事、斗争叙事、共产主义叙事风格,反映了当时经济社会发展背景下党和人民群众的普遍精神追求和价值判断。

2.雷锋精神的不断形塑与传承:改革开放与社会主义现代化建设时期

随着党和国家工作重心的转移和改革开放的不断推进,我国经济结构的渐次调整,个人利益和价值诉求逐渐为社会所认可,雷锋精神的叙事风格也相应由集体叙事、革命叙事、斗争叙事、共产主义叙事向个体叙事、改革叙事、建设叙事、生活叙事转化,突出"全心全意为人民服务"的微观视角和个体价值。1990年,江泽民在接见"雷锋团"时强调:"雷锋精神的实质,是全心全意为人民服务,为了人民的事业无私奉献。"②1993年,胡锦涛在纪念毛泽

① 建国以来重要文献选编(第16册)[M].北京:中央文献出版社,1997:188.
② 江泽民.接见"雷锋团"的讲话[N].人民日报,1990-03-05(1).

东等老一辈革命家为雷锋同志题词三十周年大会上的讲话中进一步指出：“处在这样一个伟大的变革时代，面对这样艰巨的历史重任，我们更加需要艰苦创业、积极进取、自强不息、奋力拼搏的奉献精神，更加需要顾全大局、忠于职守、克己奉公、处处以国家和集体利益为重的主人翁态度，更加需要相互尊重、助人为乐、诚实守信、和谐融洽的良好社会风尚，而这些正是雷锋精神所具有的丰富内涵。”开创性强调：“提倡雷锋精神并不否定个人利益，而是要求正确处理国家、集体、个人的利益关系，把个人利益的实现建立在维护国家、集体利益的基础上。”[①]2012年3月，中共中央办公厅印发《关于深入开展学雷锋活动的意见》，指出：“大力弘扬雷锋热爱党、热爱祖国、热爱社会主义的崇高理想和坚定信念，弘扬雷锋服务人民、助人为乐的奉献精神，弘扬雷锋干一行爱一行、专一行精一行的敬业精神，弘扬雷锋锐意进取、自强不息的创新精神，弘扬雷锋艰苦奋斗、勤俭节约的创业精神。”这一时期，雷锋精神的阐释基本延续了一致的价值内核和表达范式，在内容建构和话语表达上与时俱进，创造了诸如“敬业”“创新”“创业”等富有时代气息的创新话语，赋予了雷锋精神新的时代内涵。

3.雷锋精神的创新与发展：中国特色社会主义新时代

进入新时代以来，党带领中国人民书写了经济快速发展和社会长期稳定两大奇迹新篇章，经受住了来自政治、经济、意识形态、自然界等方面的风险挑战考验，历史性地解决了绝对贫困问题，实现了小康这个中华民族的千年梦想，正在以饱满的热情、激昂的斗志、必胜的信念为第二个百年奋斗目标的实现而团结奋斗。我们比历史上任何时期都更接近中华民族伟大复兴的目标，比历史上任何时期都更有信心、有能力实现这个目标，并且正在信心百倍地用中国式现代化大力推进这一目标的实现。习近平总书记指出：“雷锋是时代的楷模，雷锋精神是永恒的。实现中华民族伟大复兴，需要更多时代楷模。我们既要学习雷锋的精神，也要学习雷锋的做法，把崇高理想信念和道德品质追求转化为具体行动，体现在平凡的工

---

① 胡锦涛文选(第一卷)[M].北京:人民出版社,2016:56-58.

作生活中，作出自己应有的贡献，把雷锋精神代代传承下去。”[1]雷锋精神与社会主义核心价值观中爱国、敬业、诚信、友善等价值追求融合发展，与奉献、友爱、互助、进步的志愿精神契合共进，以常态化、生活化志愿服务为主要弘扬载体，突出其回归实践的现实价值，助力新时代雷锋式好榜样的涌现，为提升全民思想道德素质和社会道德风尚标路领航，呈现出时代化的内容建构与表达特征。

二、学习弘扬雷锋精神的时代内涵

“精神生产随着物质生产的改造而改造”[2]，任何一种精神追求都不可能凭空产生，总是有其特定的历史底色和精神脉络。雷锋精神60多年来之所以能够历久弥新，形塑一代代中华儿女的精神世界，根由在于党的历代领导集体对雷锋精神重要论述的接续弘扬、价值坚守、创新建构和时代表达。竖立新的历史坐标，弘扬雷锋精神，要把握一个实质、三维向度、五层意蕴。

（一）新时代弘扬雷锋精神的实质：践行全心全意为人民服务的根本宗旨

全心全意为人民服务是雷锋政治立场、思想境界、人格魅力的集中体现。雷锋特殊的人生履历让他在共产主义理想的感召下深刻认识到了党性与人民性的统一，将全心全意为人民服务视作忠于党、报党恩的具体体现和获取快乐与幸福的源泉，鞭策自己在工作上以“螺丝钉”精神为人民的事业默默付出，在生活中以“毫不利己、专门利人”的精神为群众无私奉献，在学习上以“钉子”精神钻研科学文化知识。

启航新征程，面对新境遇，全心全意为人民服务是全面建设社会主义现代化国家的思想向导和精神动力。党的二十大报告指出：“全面建设社会主义现代化国家，必须充分发挥亿万人民的创造伟力。全党要坚持全心全意

① 习近平．解放思想锐意进取深化改革破解矛盾 以新气象新担当新作为推进东北振兴[N].人民日报，2018-09-29(1).

② 马克思恩格斯文集(第二卷)[M].北京:人民出版社，2009:51.

为人民服务的根本宗旨，树牢群众观点，贯彻群众路线……不断巩固全国各族人民大团结，加强海内外中华儿女大团结，形成同心共圆中国梦的强大合力。”[1]这就需要弘扬包括雷锋精神在内的中国共产党人精神谱系，广泛宣传和践行社会主义核心价值观，完善志愿服务制度和工作体系，在全社会弘扬劳动精神、奋斗精神、奉献精神、创造精神、勤俭节约精神，培育时代新风新貌，为全面建设社会主义现代化凝聚人心、汇聚民力，提供精神支撑和思想指引。

（二）新时代弘扬雷锋精神的三维向度：强思想、硬作风、重品德

弘扬雷锋精神的三维视角源于毛泽东当年对题词缘由的解释，目的在于提示雷锋精神学习者对雷锋精神所蕴含的思想、作风、品德要与时俱进地逐个深入凝练，还要守正执中，从整体上对三个维度的内容进行全面把握。思想主要指向理想信念和道德认知；作风主要指向道德实践和实践样态；品德主要指向道德评价和抽象总结。正如习近平总书记所言：“我们既要学习雷锋的精神，也要学习雷锋的做法。”[2]

奋进新征程，建功新时代。新时代学习弘扬雷锋精神，在思想维度，就是要继续坚持共产主义远大理想和中国特色社会主义共同理想，以马克思主义中国化时代化的最新理论成果——习近平新时代中国特色社会主义思想为指引，坚持党性和人民性的统一，融入爱国、爱党、爱社会主义的统一性，坚持爱国主义这一群众基础广泛的思想基础，维护党的绝对领导地位和政治保障作用，突出听党话、跟党走，激发人民团结奋进的强大力量；在作风维度，就是要在谦虚谨慎、艰苦奋斗的基础上，在学习上发扬肯挤敢钻的“钉子”精神，在工作上践行爱岗敬业的“螺丝钉”精神，敢于斗争，善于创新，以立场坚定、勇于担当的斗争精神不屈不挠地破解新征程上所遇到的每一个

① 习近平.高举中国特色社会主义伟大旗帜 为全面建设社会主义现代化国家而团结奋斗——在中国共产党第二十次全国代表大会上的报告[M].北京：人民出版社，2022:52.

② 习近平.解放思想锐意进取深化改革破解矛盾 以新气象新担当新作为推进东北振兴[N].人民日报，2018-09-29(1).

新题、大题、难题;在品德维度,以爱国主义、集体主义、社会主义为价值准则,始终坚持人民至上的价值取向,尊重个体的合理价值诉求,言行一致地坚守和发扬勤俭节约、团结友爱、助人为乐,见义勇为、爱岗敬业等优良传统,培育社会新风新貌。

(三)新时代弘扬雷锋精神的五层意蕴

1.务必坚定爱国爱党的信念

雷锋在日记中写道:“我们的党,是英明的、伟大的、正确的。我要坚决听党的话,一辈子跟着党走,认真贯彻党的方针政策。”[①]进入新时代以来,习近平总书记强调爱国、爱党、爱社会主义在当代中国的统一性,突出强调爱国主义精神和党的领导地位,指出:“当代中国,爱国主义的本质就是坚持爱国和爱党、爱社会主义高度统一。”[②]“如果没有中国共产党领导,我们的国家、我们的民族不可能取得今天这样的成就,也不可能具有今天这样的国际地位。”[③]新时代弘扬雷锋精神,就要鼓励广大党员干部及各界群众深刻认识爱国主义精神的传统意义和时代价值,坚定听党话、跟党走的行动自觉,将爱国情、强国志转化为报国行,以团结奋斗的姿态成就历史伟业。

2.务必践行服务人民、助人为乐的奉献精神

言行一致、无私奉献是雷锋服务人民、助人为乐的真实写照。《雷锋日记》记录了大量雷锋助人为乐、帮贫济困的光荣事迹,还记录了很多雷锋奉献集体、奉献国家的感人故事。进入新时代以来,习近平总书记关于雷锋精神的重要论述更侧重践行雷锋精神,倡导将弘扬雷锋精神与参与志愿服务相结合,以实际行动促进社会进步,提高社会文明程度,引领社会新风新貌,将弘扬和践行雷锋精神扩展至更为宽泛的人群和更为广阔的场域。正如习近平总书记所说:“雷锋精神,人人可学;奉献爱心,处处可为。”[④]

---

① 雷锋.雷锋日记[M].北京:北京联合出版公司,2014:71.

② 习近平.在纪念五四运动100周年大会上的讲话[N].人民日报,2019-05-01(2).

③ 习近平.以史为镜、以史明志,知史爱党、知史爱国[N].人民日报,2012-06-16(1).

④ 习近平给“郭明义爱心团队”回信[N].人民日报,2014-03-05(1).

3.务必发扬艰苦朴素、自立自强的奋斗精神

雷锋的奋斗观即将个人奋斗融入集体奋斗、国家奋斗，奋发图强，自力更生，为实现社会公共利益最大化和共产主义理想而团结奋斗的观念。新征程上，习近平总书记指出："征途漫漫，惟有奋斗。我们通过奋斗，披荆斩棘，走过了万水千山。我们还要继续奋斗，勇往直前，创造更加灿烂的辉煌！"①党的二十大报告进而明确指出："团结奋斗是中国人民创造历史伟业的必由之路。"艰苦奋斗是中国共产党"三个务必"的重要内容，在全社会弘扬奋斗精神、勤俭节约精神是培育时代新风新貌的必然要求。

4.务必保持干一行、爱一行、钻一行的"螺丝钉"精神

雷锋在日记中写道："一个人的作用，对于革命事业来说，就如一架机器上的一颗螺丝钉。机器由于有许许多多的螺丝钉的连接和固定，才成了一个坚实的整体，才能够运转自如，发挥它巨大的工作能力。螺丝钉虽小，其作用是不可估量的。我愿永远做一个螺丝钉。"2018年9月28日上午，习近平总书记在参观雷锋纪念馆时明确表示，雷锋是时代的楷模，雷锋精神是永恒的。实现中华民族伟大复兴，要不断闯关夺隘，也需要更多的时代楷模……学习雷锋精神，就要把崇高的理想信念和道德品质追求融入日常的工作生活，在自己岗位上做一颗永不生锈的螺丝钉。为新征程上践行雷锋精神指明了方向、明确了路径、确定了标准。

5.务必秉承立场坚定、勇于担当的斗争精神

雷锋是富有斗争精神的时代楷模，他将自己为了党和人民的事业而斗争的态度、恒心、决心、志向都记录在自己的日记里。他写道："学习愚公不怕困难，敢于斗争，敢于胜利的精神。愚公能挖掉两座大山，我有恒心克服各种困难，学习好毛主席著作和军事技术，把自己锻炼成为一个又红又专的共产主义革命战士，更好地为人民服务。"迈步新征程，习近平总书记在党的二十大报告中22次提及"斗争"一词，并将斗争精神纳入全党必须坚持的"三个务必"、前进道路上应对和化解诸多风险所必须牢牢把握的重大原则，为新征程上弘扬雷锋精神提供了新的价值意蕴。

① 国家主席习近平发表二〇二一年新年贺词[N].人民日报，2021-01-01(1).

三、新时代学习弘扬雷锋精神的现状分析

（一）问卷调查设计与实施

为了全面了解高校青年对雷锋精神的理解程度、实践情况以及面临的挑战，通过设计并实施问卷调查，对目标群体进行深入剖析。调查问卷遵循科学性和有效性原则，既确保问题设计准确反映研究目标，又易于被受访者所理解，主要涵盖对雷锋精神的认知、参与学雷锋相关活动的情况、对当前弘扬雷锋精神实践的评价以及对未来学习弘扬雷锋精神的期待等方面的15个问题。

在数据采集过程中，采用了线上线下相结合的方式，面向21个省、自治区、直辖市的高校青年（35周岁以下）发送调查问卷。为了保证样本的随机性和匿名性，鼓励学生、教师都参与，并确保数据的保密性。经过数据收集，共收到有效问卷574份，其中教师81份，学生493份，样本量总体上可以保证研究结果的可靠性。

（二）数据统计与现状分析

任何事物的发展都不是一蹴而就的，而是有一个循序渐进的过程，有它自身发展的规律。新时代，高校青年学习弘扬雷锋精神已经凝练出时代气息浓郁的新举措、新路径和新表达。通过调查分析，审视当代高校青年对学习弘扬雷锋精神的感受和诉求，做到因人施策、因地制宜、顺势而为，能达到提质增效的目的。

1.对雷锋精神认同度高，但认知不够全面准确

认同即人们在社会生活中对特定对象所产生的一种感情和意识上的共鸣和归属感。对雷锋精神而言，要让人们在感情和意识上对之产生共鸣和归属感，也就意味着要在政治、思想、理论、情感上实现认同。在此次调查中，有两组数据最能说明此问题。当问及“你认为新时代高校青年有没有必要学习和弘扬雷锋精神？”时，有94.6%的受访者认为有必要，仅1.05%的受访者持否定态度。在青年学生中持积极观点的占比更高，认为有必要的占

95.13%,仅0.81%的受访者持否定态度。这一结论在受访者对他人积极行为的态度上也有所体现,高达95.33%的受访者表示对积极行为实施者“敬佩,并向他学习”。

在调查中也发现,高校青年对于雷锋纪念日的认知与以往的普遍认知存在一定的差距,仅有76.47%的受访者能够准确回答雷锋纪念日的日期,有12.98%的受访者表示“不知道”,这样的结果或许与重内容轻形式的教育宣传方式有关,或许与该群体多元化、碎片化、去中心化的认识习惯相通,但也从侧面反映出该人群中的部分个体对其认知的模糊性。调查问卷按照国家权威文件对雷锋精神内涵的界定,让受访者对雷锋精神的内涵进行排序,结果显示“服务人民、助人为乐的奉献精神”综合得分4.23分,“热爱党、热爱祖国、热爱社会主义的崇高理想和坚定信念”综合得分4.15分,远远高于其他内涵选项。“干一行爱一行、专一行精一行的敬业精神”仅有1.14分。

2.对学雷锋态度积极,但行动更趋理性

态度决定行动,行动决定一切。正如马克思所言:“哲学家们只是以不同的方式解释世界,而问题在于改变世界。”调查数据显示,有94.6%的受访者认为在新时代学习弘扬雷锋精神有其内在的必要性,95.33%的受访者认为他人学习弘扬雷锋精神的行为值得自己学习,92.71%的受访者对身边的此类行为有所关注,仅有1.01%的受访者认为身边很少见到助人为乐的行为。可见,无论从主观感受还是客观判断出发,受访高校青年群体对学雷锋的态度积极,认同度颇高。

当问及“在大街上看见陌生人有困难,你是否会主动上前帮助?”时,只有21.5%的受访者回答“会”,回答“视情况而定”的高达77.69%。高校青年群体除了拥有积极的学习弘扬态度,还拥有处理复杂问题的理性思维和务实精神,能够在义与利、利己与利他间进行权衡,以实现社会效益和个人利益的最大化。自己学雷锋却被陷害污蔑后,仍有13.18%的受访者表示“愿意毫不犹豫上前帮忙”,83.16%的受访者表示“据情况而定”,只有3.65%的受访者表示“事不关己,绝对不会”。这样的回答也从侧面反映出多元文化冲击下人们对于利他主义的复杂情绪,映射出南京彭宇案及小悦悦事件等舆情热点对人们认知所产生的长期影响，解决该问题需要将视线投向法律、舆论等社会支撑系统的建构。

3. 对影响学习弘扬雷锋精神的动因认知较为深刻

透过现象看本质是人们认知周围事物的必然过程，只有从根源上认识清楚观感生成的现实动因，才能从根本上达到认知与行动、思想与行为的统一。此次调查发现，受访高校青年都能循着社会、高校、个人三个维度表达自己对影响动因的认知。

聚焦社会维度，84.18%的受访者认为"功利主义消解雷锋精神内涵"是一个重要影响因素，"社会缺乏促人为善的机制体制""雷锋精神的时代价值宣传不够""消费主义蚕食弘扬雷锋精神的社会土壤"分别被86.21%、63.89%、65.92%的受访者所认同。"社会缺乏促人为善的机制体制"在诸多影响因素中认同度最高，功利主义的侵扰位列其后，为社会层面的引导和治理指明了发力重点。

聚焦高校维度，受访者认为影响雷锋精神学习弘扬的动因主要在于缺乏高效的宣传长效机制、有效的发扬方式方法、全面的时代内涵认知、统一的组织实施机构等诸，其中"缺乏有效的发扬方式方法"是最受关注的动因，86.82%的受访者持此观点，"缺乏全面的时代内涵认知""缺乏高效的宣传长效机制"紧随其后，分别受到79.31%和77.08%受访者的认同。可见，有效的发扬方式方法、全面的时代内涵认知与宣传是该场域的发力重点。

聚焦个人维度，受访者认为"价值理念较为多元，缺乏坚定的发扬意志""理想信念不够坚定，缺乏明确的发扬目标""道德观念日趋成熟，缺乏果敢的发扬决心""生活条件大为改观，缺乏充裕的发扬动力"是影响雷锋精神学习弘扬的主要动因，分别有84.58%、82.76%、78.09%、68.97%的受访者表示认同。在最后一道开放式问答题中，很多受访者表达了类似的观点：有受访者认为"弘扬雷锋精神最难的是克服形式主义和长期坚持"，还有受访者认为"随着时代的发展和社会环境的变化，人们在理解雷锋精神的内涵和价值时，容易受到当下功利主义、个人主义等观念的影响，难以产生深刻的共鸣和认同感。”

弘扬雷锋精神不仅是培育社会文明风尚的必然要求，也是落实高校立德树人根本任务的应有之义。

四、新时代高校青年学习弘扬雷锋精神效能提升策略

马克思主义认为，实践是认识的源泉和动力，也是认识的目的。人们认识世界的根本目的并不在于认识活动本身，而在于通过指导社会实践以改造周围的客观世界。

（一）社会层面的策略

基于调查分析，诸多受访高校青年认为，多元文化冲突、社会缺乏促人为善的机制体制、雷锋精神的时代价值宣传不够是社会层面制约新时代高校青年学习弘扬雷锋精神效能提升的主要因素。为此，可以从以下几个方面入手进行调适：

1.深刻阐释雷锋精神的时代内涵

马克思主义认为，理论只要彻底，就能说服人，理论就能获得人们的认同。“任何真正的哲学都是自己时代精神的精华”[①]，任何精神都是对时代问题的积极回应，雷锋精神也是如此。诞生于“一大二公”时代的雷锋精神，随着我国经济结构、社会结构、文化生态剧烈变迁，不断围绕中心任务而传承和发展，走出了接续弘扬、价值坚守、创新建构和时代表达的演进范式。新时代新征程上学习弘扬雷锋精神，首先，有必要结合当前的文化生态和社会环境，鼓励人文社会科学界的专家学者进一步阐释其时代内涵，在利己主义和利他主义的对立统一中处理好利与义、公与私、个人与集体等复杂关系；其次，要优化内涵阐释的话语表达，力求话语创新，让新式表达更具生活气息和时代气息，少些政治气息和学术气息；最后，教育宣传文艺工作者要继续优化雷锋精神时代内涵的阐释方式，创新宣传雷锋精神的载体和渠道，让雷锋精神的学习弘扬更具理论深度、情感温度和传播广度。

---

① 马克思恩格斯全集（第一卷）[M].北京：人民出版社，1956:121.

2.增强社会主义意识形态的凝聚力和引领力

随着对外开放和市场化改革的不断深入，利己主义、享乐主义、消费主义、个人主义等思潮披着多元文化的外衣趁势崛起，不仅消解着青年群体学习弘扬雷锋精神的动力和目标，而且蚕食着青年群体学习弘扬雷锋精神的决心和意志。从本质上讲，这种生态是资产阶级自由化思想和封建主义意识形态互嵌杂糅的产物，只有不断增强社会主义意识形态的凝聚力和引领力，让爱国主义、集体主义、社会主义切实成为精神文明建设的核心力量，才能让利他主义色彩鲜明的雷锋精神立起来、传出去，让利己主义、虚无主义等思想敛其锋芒、龟缩沉寂。首先，必须加强党对意识形态工作的全面领导，把领导权、管理权和话语权牢牢掌握在党和人民手中，绝不旁落；其次，始终坚持马克思主义在意识形态工作中的根本指导地位，从马克思主义的立场、观点和方法来凝心铸魂、强基固本，统领教育宣传文艺工作；最后，积极构建中国特色的学科体系、话语体系，用中国特色哲学社会科学培根聚智，以繁荣中国学术、发展中国理论、传播中国思想。

3.构建和完善促人为善的体制机制

行为交往理论认为，人对周围事物的认知都是在实践效果的反馈中逐渐构建起来的。正向的效果反馈会激发人的实践动力，强化人们已有的认知假设，反向的效果反馈会消解人的实践动力，弱化人们已有的认知假设。据调查反馈，当前制约学习弘扬雷锋精神的一个重要因素在于社会缺乏促人为善的体制机制。首先，要不断完善相关的法律法规，提升司法从业群体的职业素养，依法行政，从严执法，让恶意碰瓷、设局诈骗等行为得到及时和严厉的惩处，努力铲除各种以慈善为由头的各种违法乱纪行为，筑牢与人为善的法治底线；其次，要不断完善见义勇为、伸张正义的社会支撑体系，降低利他行为的社会成本和机会成本；最后，要不断完善社会荣誉激励机制，让荣誉真正成为个人发展、职务晋升、升职加薪的重要条件，成为企事业单位考核评级、税费减免的重要标准，给足面子，坐实里子。

（二）高校层面的策略

高校是社会的缩影，也是社会文化生态的引领者和建构者。提升高校青年学习弘扬雷锋精神的效能，需从社会维度思考，更需从高校维度探索。高校作为青年群体思想行为引导的第一责任主体，在青年群体的理想信念、道德观念、价值理念、审美情趣塑造方面具有得天独厚的优势。从高校维度，需从以下几个方面发力改进：

1.积极构建三全育人的教育体系

三全育人作为高校落实立德树人根本任务的全新理念，强调全员育人、全程育人、全方位育人，已经被高校广泛采用和实施，在思想政治教育、劳动教育、美育等诸多领域的应用最为突出。学习弘扬雷锋精神是当代高校思想政治教育的重要内容之一，用三全育人理念指导教育体系设计、推进教育活动实施、检验教育活动效果，毋庸置疑是提升新时代高校青年学习弘扬雷锋精神效能的必要之举。首先，要积极发动学校所有教职员工以身作则，在自己的岗位上做学习弘扬雷锋精神的榜样和楷模，既要提升自身服务师生的积极性和主动性，多出成果、出好成果，也要严于律己、勤于修身，积极投身社会公益活动，理性高效、持之以恒；其次，按照雷锋精神的时代内涵，结合学生的学业规划和青年教师的职业发展规划，分学期设计重点，按计划扎实推进，做好教育重点的有效衔接；最后，完善校内雷锋示范岗建设，将校内所有岗位都纳入学习弘扬雷锋精神示范岗评选范畴，让学习弘扬雷锋精神成为各个岗位的价值信条。

2.主动推进精神内涵的在地转化

雷锋是时代的楷模，雷锋精神是整个中国社会的精神丰碑。提升新时代高校青年学习弘扬雷锋精神的效能，既要深刻把握雷锋精神的核心要义，又要结合高校青年这一特定人群的具体存在生态，对之进行在地对象性转化。首先，要突出强调爱国爱党爱社会主义的政治方向，将其作为学习弘扬雷锋精神的第一要务；其次，要强调锐意进取、自强不息的创新精神，让高校青年成为理论创新、科技创新的排头兵；再次，结合高校青年职业生涯规划，大力推进产学研一体化建设，通过课程渗透、专题辅导、社会实践等方式灌输和渗透干一行爱一行、专一行精一行的敬业精神，提升高校青年的职业素养，为其后续的职业发展做好铺垫，这一点对于应用型高校的师生而言显得更为重要；再次，要全新阐释艰苦奋斗、勤俭节约的创业精神，突出艰苦奋斗和勤俭节约的传统，拓展创业的时代语境，将个人就业创业、社会公益事业、民族复兴伟业都纳入其中，坚决抑制消费主义、享乐主义等错误思想，做能吃苦、肯奋斗的时代新人；最后，丰富乐于助人、无私奉献的时代内涵，关注好人好事，扩展服务对象。

3.不断丰富高效稳定的弘扬载体

任何高明的理论都需要具体的载体去呈现和发挥效能。载体的丰富性、稳定性和高效性是决定理论内化的重要因素，其与理论的内化效果成正比。要提升新时代高校青年学习弘扬雷锋精神的效能，就需要不断丰富高效而稳定的弘扬载体。首先，要不断丰富高校青年群体学习弘扬雷锋精神的载体，不仅要在传统的文本载体上拓展出集文字、图片、视频为一体的新型文本载体，还要不断开发贴近高校青年生活和学习的系列活动、志愿服务等，让抽象的精神要义与生动的社会实践相结合；其次，要设计一些具有长期性、连贯性的活动载体，保持各项活动推进的整体性和稳定性，培养青年师生学习弘扬雷锋精神的习惯和自觉，杜绝学雷锋“三月来四月走”现象的发生；最后，要周密设计方案，明确权利义务，严格奖惩制度，注意工作方式方法，让每一个活动载体都能顺畅高效运作。

4.继续营造活泼向上的弘扬氛围

恩格斯认为：“人本身是自然界的产物，是在他们的环境中并且和这个环境一起发展起来的。”[①]也就意味着“人创造环境，同样环境也创造人”[②]。聚焦高校青年学习弘扬雷锋精神，要继续营造活泼向上的弘扬氛围，打造学习雷锋事迹、弘扬雷锋精神的高校微环境。首先，高校宣传部门要根据整体规划做好舆论引导，尤其关注网络空间的综合治理，弘扬学雷锋先进事迹，

① 马克思恩格斯全集(第二十卷)[M].北京:人民出版社，1971:38-39.
② 马克思恩格斯全集(第三卷)[M].北京:人民出版社，1960:43.

深入剖析雷锋精神的时代价值，有力抨击精致利己主义、消费主义、泛娱乐主义等错误倾向，为高校青年打造一个风清气正的空间；其次，学生工作部门要坚持问题导向，不断开拓创新，构建高校青年群体喜闻乐见的活动载体、网络载体、文本载体，丰富雷锋精神的内涵和表现形式，拓展途径和平台，同时，让学雷锋先进分子发挥榜样的引领和示范作用，形成一套有带动、有促进、有保障的育人体系；最后，学校办公室、人事处、财务处以及后勤等服务部门要在学校的统一部署下尽快构建起完善的促善体制机制，鼓励青年师生学习弘扬雷锋精神，提供充裕的情绪价值和物质保障，激发高校青年学习和弘扬雷锋精神的决心、信心和恒心。

传承雷锋精神 丰富人民精神世界的三维解读：规律、价值与路径

杨伟佳*

在现代化进程中，物质富足和精神富有是同等重要的。人们的精神世界包括思想观念、文化传统、道德信仰等，是人们内心情感和精神力量的表现。丰富人民精神世界，不仅能够提升个体层面的幸福感和满足感，更能够推动整个国家和社会向着更加繁荣富强的方向发展。雷锋精神是中国共产党人精神谱系的基因延续，具有深刻的精神内涵与历史文化内核，是当代中国先进文化的重要来源，对丰富人民精神世界具有重要的意义。[①]传承雷锋精神与丰富人民精神世界具有内在一致性，雷锋精神为人民精神世界的构建提供了强大的精神力量，具有不可替代的重要价值。

一、传承雷锋精神与丰富人民精神世界的互动规律

要丰富人民精神世界，就要有符合人民精神需求的精神资源支撑。雷锋精神是中华民族传统美德的具体体现，传承雷锋精神与丰富人民精神世界紧密相连，相辅相成。传承雷锋精神可以激发人们的社会责任感、奉献精神和互助意识，从而推动整体社会精神生活的共同富裕。同时，丰富人民精神世界为传承雷锋精神提供了广阔的营养土壤，为雷锋精神的持续传承提

* 作者系中共乌拉盖管理区工作委员会党校教师。

① 高雅静，颜吾佴．红色文化丰富人民精神世界的价值与路径[J]．社会科学家，2024(03):44-50.

供了有力的社会支持。因此，传承雷锋精神与丰富人民精神世界相得益彰，相互促进，共同推动着中国式现代化的进程。

习近平总书记指出："60年来，学雷锋活动在全国持续深入开展，雷锋的名字家喻户晓，雷锋的事迹深入人心，雷锋精神滋养着一代代中华儿女的心灵。实践证明，无论时代如何变迁，雷锋精神永不过时。"传承雷锋精神与丰富人民精神世界具有内在统一性。一方面，雷锋精神蕴含着以人民为中心的价值取向。[①]雷锋无私奉献、默默无闻，对人民群众展现出深沉的情感。雷锋精神强调无私奉献、为人民服务，体现了人民至上的价值理念。雷锋在日记中写道："人的生命是有限的，可是，为人民服务是无限的，我要把有限的生命，投入到无限的为人民服务之中去。""当祖国和人民处在最危急的关头，我就挺身而出，不怕牺牲。生为人民生，死为人民死。""我要全心全意为人民服务，永生为伟大的共产主义事业而奋斗。"雷锋精神的价值取向为丰富人民精神世界提供了坚实的支撑。另一方面，传承雷锋精神与丰富人民精神世界具有价值目标的一致性。雷锋精神为中国特色社会主义事业提供了宝贵的精神力量。丰富人民精神世界的价值目标是提升人们的精神境界，增强社会凝聚力和向心力，实现全民共同富裕。物质富裕而精神匮乏不是共同富裕，当高楼大厦在我国大地上遍地林立时，中华民族精神的大厦也应该巍然耸立。只有物质文明建设和精神文明建设都搞好，国家的物质力量和精神力量都增强，全国各族人民物质生活和精神生活都改善，中国特色社会主义事业才能顺利向前推进。传承雷锋精神与丰富人民精神世界都是为了实现国家强盛、人民幸福、社会和谐的共同目标。

传承雷锋精神与丰富人民精神世界相辅相成，相互促进。传承雷锋精神是丰富人民精神世界的精神支柱，为人们树立正确的精神导向，激励人们勇敢拼搏、奋发向前。丰富人民精神世界则为雷锋精神的有效传承提供了动力。一个有着悠久历史的民族一定有其伟大可贵的精神支柱，一个政党

---

① 罗飞宁.国家叙事下学雷锋集体记忆建构的机制研究——以《人民日报》为中心的分析[J].赣南师范大学学报，2024(04):128-134.

能够从小到大的根本支撑在于其坚定崇高的精神信仰。中国共产党带领全国各族人民实现从站起来、富起来到强起来的伟大飞跃,推进人民精神世界不断丰富、精神境界不断提高,其中一个重要原因是党带领人民始终弘扬包含雷锋精神在内的共产党人精神谱系,在应对重大挑战与危机时,激励中国人民勇敢拼搏、奋发向前。进入新时代,大力弘扬雷锋精神、开展形式多样的雷锋主题教育,用雷锋精神丰富人民精神世界,铸就了新时代中国人民的精神图谱,丰富了中国共产党人的精神谱系。在实现中华民族伟大复兴和向第二个百年奋斗目标奋进的关键时期,我们要始终弘扬雷锋精神,倍加珍惜雷锋精神的独特价值,最大程度发挥好雷锋精神对丰富人民精神生活的支撑作用。当前,“佛系生活”“躺平”“摆烂”等与社会主义核心价值观背道而驰的网络热词充斥着大众生活,削弱了人民的积极进取精神,导致部分人群价值观扭曲、精神境界持续低落、精神世界贫乏。①雷锋精神所蕴含的自信自强、守正创新的奋斗品质能为提高人们的精神境界注入力量,调节人们的不安与浮躁。新时代的中国青年在相对良好的环境中成长,对坚定理想信念和弘扬艰苦奋斗精神的感悟不足,弘扬雷锋精神能够强化当代青年理想信念教育和奋斗精神培育,为当代青年补充精神之“钙”。

二、传承雷锋精神丰富人民精神世界的价值阐释

习近平总书记指出:“没有先进文化的积极引领,没有人民精神世界的极大丰富,没有民族精神力量的不断增强, 一个国家、一个民族不可能屹立于世界民族之林。”丰富人民精神世界,就是要构建人民群众强大的精神支柱。雷锋精神集中体现了中国共产党人坚定的共产主义信仰,是社会主义核心价值观的生动体现。 “我要全心全意为人民服务,永生为伟大的共产主义事业而奋斗。”“我是一个共产党员,人民的勤务员,为了全人类的自由、解放、幸福,哪怕高山、大海、巨川,为了党和人民的事业,就是入火海进刀

① 韩成.奋斗精神的“缺席”与“在场”:青年“躺平”现象及其矫正 [J]. 赣南师范大学学报, 2024 (04): 110-116.

山,我甘心情愿,头断骨粉,身红心赤,永远不变。”理想信仰能够激励人们不断追求真、善、美,推动社会向着更加文明和谐的方向发展。拥有崇高的理想信仰,可以让人们在困难面前坚定不移、百折不挠。雷锋的理想信仰使他能够无私奉献,甘愿为人民群众服务。传承雷锋精神丰富人民精神世界,就是要把崇高的理想信仰内化于心、外化于行,追求道德、追求真理、追求美好生活。

雷锋精神强调个人利益服从集体利益,弘扬奉献精神,以实际行动践行社会主义核心价值观。[①]习近平总书记在给郭明义爱心团队的回信中也强调了践行社会主义核心价值观的重要性:“希望你们努力践行社会主义核心价值观,积极向上向善,从‘赠人玫瑰,手有余香’中感受善的力量,以实际行动书写新时代的雷锋故事。”传承雷锋精神、践行社会主义核心价值观,可以促使人们树立正确的人生观和价值观,增强社会责任感和使命感,从而提升整个社会的文明程度。践行社会主义核心价值观是传承雷锋精神的重要途径,为丰富人民精神世界提供了坚实的精神动力。

传承和弘扬雷锋精神,可以为社会注入更多的正能量,唤起人们内心的善良和责任感,鼓舞人们勇敢前行,为社会的发展注入更多的积极因素。雷锋精神所体现的奉献和友爱的品质是社会和谐稳定的重要保障。[②]传承雷锋精神,可以减少社会中的矛盾和冲突,促进社会的和谐发展,为社会稳定奠定坚实的基础。雷锋精神所体现的甘于奉献、乐于助人的品格,与中华民族传统美德相契合,是中华民族精神宝库中的宝贵财富。传承雷锋精神,可以唤起人们对中华传统美德的认同和传承。

三、传承雷锋精神丰富人民精神世界的实践路径

传承雷锋精神,要坚定信念、甘于奉献和担当作为,这些品质不仅可以支撑“笃信行”的人民精神信仰世界,铸造“真善美”的人民精神道德世界,也

---

① 宋丽丽. 红色文化资源与青年人生观教育的融合路径 [J]. 现代商贸工业, 2024(16): 165-167.

② 夏春秋. 新时代雷锋精神培育的文化困境和超越 [J]. 沂蒙干部学院学报, 2024(02): 64-70.

能创造“国之大者”的人民精神新世界。

(一)坚定信念,支撑“笃信行”的人民精神信仰世界

第一,通过教育引导,加强对雷锋精神的宣传和传承,让人们认识和了解雷锋的事迹和品格。可以通过传统媒体和新媒体广泛传播雷锋的故事和精神内涵,引导人们学习和认同雷锋的品格和信念。同时,可以将雷锋精神融入学校教育、家庭教育等各个方面,引导青少年树立正确的人生观和价值观,坚定对美好品德和信念的执着追求。第二,通过社会实践活动,激励人们积极投身到社会公益事业中。可以组织志愿服务活动,鼓励人们参与公益事业,帮助他人、奉献爱心,用实际行动践行雷锋精神。第三,通过树立典型榜样,让更多的人受到鼓舞和激励。表彰和宣传先进个人和集体,让他们成为社会风气的引领者和推动者,鼓舞更多的人践行雷锋精神,推动人民精神信仰世界的建设。

(二)甘于奉献,铸造“真善美”的人民精神道德世界

第一,教育是培养奉献精神的重要途径。学校应该将雷锋精神融入教育教学中,通过课程设置、主题班会等形式,引导学生认识和理解雷锋的故事和雷锋精神的内涵,培养学生乐于助人、乐于奉献的品质。第二,鼓励社会组织和公益机构开展志愿服务活动,号召和引导更多的人积极参与。可以举办各种形式的志愿者活动,组织志愿者参与社区建设、环境保护、扶贫帮困等公益活动,通过实际行动引导人们践行雷锋精神。第三,政府应该加大对奉献精神的宣传,表彰和激励模范人物和集体,让他们成为社会的楷模和典范,激励更多的人践行雷锋精神。

(三)担当作为,创造“国之大者”的人民精神新世界

第一,社会组织和公益机构应该发挥作用。通过举办志愿服务活动、公益讲座等,引导广大人民群众树立正确的人生观和价值观,积极参与社会公益事业,承担社会责任,为他人奉献爱心和力量。同时,政府应该加大对公

益机构的支持,鼓励和引导社会各界积极参与志愿服务活动,形成全社会共同参与的良好局面。第二,重视媒体宣传和文化创作。媒体是传播思想、引导价值观的重要平台。应该通过新闻报道、电视节目、网络平台等多种形式,宣传雷锋事迹,弘扬雷锋精神,树立正能量的典范,激励更多的人向雷锋学习。同时,可以雷锋为代表的先进典型为创作对象,塑造更多的具有感召力和影响力的文化形象,为人民精神建设贡献力量。

传承雷锋精神、丰富人民精神世界是一个不断发展的过程,要从规律、价值和路径三个维度去理解和实践。传承雷锋精神,能够不断丰富人民的精神世界,推动社会发展和进步。

赓续红色血脉：从延安精神到雷锋精神

赵德文*

延安精神是红色革命精神之一，是中国共产党创造的一种革命精神，因在革命圣地延安诞生，故名。从1935年到1948年，中共中央和毛泽东在这里领导、指挥了抗日战争和解放战争，实现了马克思列宁主义同中国实际相结合的第一次历史性飞跃，诞生了毛泽东思想，奠定了中华人民共和国的基石。延安孕育的延安精神，是中国革命和建设的伟大的精神动力。

延安精神是中华民族以爱国主义为核心的团结统一、爱好和平、勤劳勇敢、自强不息的民族精神的崭新表现形式，是中华民族精神的重要组成部分。在革命战争年代，共产党领导的人民军队正是在延安精神的鼓舞和激励下，克服了一个又一个困难，取得了革命战争的最终胜利。在和平建设时期，延安精神依然有着极重要的现实意义。这种实事求是、艰苦奋斗、自强不息的精神，将指引中国人民建设繁荣富强的社会主义现代化国家，实现中华民族伟大复兴。

一、坚定正确政治方向，延安精神指引我们勇毅前行

习近平总书记强调，要把苦难辉煌的过去、日新月异的现在、光明宏大的未来贯通起来，在乱云飞渡中把牢正确方向。习近平总书记在陕西考察时指出："当年，正是由于我们党的政治方向坚定正确，吸引了一大批有志之

---

* 作者系原云南省社科院墨江县哈尼文化研究所所长。

士投奔延安。”我们坚持用延安精神校准方向、纠正偏差，引导党员干部深刻感悟党的领导是党和国家事业的根本所在、命脉所在，深刻理解“两个维护”事关党的前途命运和事业的兴衰成败。

回顾党史，党中央在延安13年的历史经验中最关键的一条，就是维护党中央权威和集中统一领导。延安时期，正因为形成了稳定成熟的中央领导集体，全党空前团结和统一，中国革命事业实现从低潮走向高潮，最终建立了中华人民共和国。

进入新时代，党和国家的事业取得惊天动地的成就。这个“惊天动地”来得极其不易，我国发展面临的风险挑战之多前所未有，矛盾问题之复杂前所未有，各种考验之严峻前所未有。习近平总书记运筹帷幄、审时度势、指挥若定，带领全党全军全国各族人民披荆斩棘、乘风破浪，打赢了一场又一场硬仗。从国际看国内，我国创造了经济快速发展奇迹和社会长期稳定奇迹，“中国之治”和“西方之乱”对比更加鲜明；从过去看现在，今天的中国不再是100年前的中国，已经前所未有地走上世界舞台中心。在领导党和国家事业发展、领导进行具有许多新的历史特点的伟大斗争中，习近平总书记当之无愧地成为党中央的核心、全党的核心，这是历史的选择、人民的选择，是被实践证明了的正确选择。

延安是革命圣地。老一辈革命家和老一代共产党人在延安时期留下的优良传统和作风，培育形成的延安精神，是我们党的宝贵精神财富。贯通历史与现实，我们深切体会到，在新时代，习近平总书记指引的方向就是我们坚毅前行的方向。我们要坚决忠诚核心，胸怀“两个大局”，牢记“国之大者”，做到绝对忠诚；坚决维护核心，党中央提倡的坚决响应，党中央决定的坚决执行，党中央禁止的坚决不做；坚决看齐核心，时时事事同党中央对表对标，同总书记重要讲话、重要指示批示对表对标，不断提高政治判断力、政治领悟力、政治执行力。

二、雷锋精神是延安精神红色血脉的赓续

雷锋精神是一种艰苦奋斗、积极向上的进取精神;是一种"爱憎分明不忘本"具有坚定意志和昂扬斗志的精神;是一种忠于人民忠于党的精神;是一种对人民充满友爱、互相帮助的精神;是一种公而忘私、全心全意为人民服务的精神。这种精神的建立,有利于广大的人民群众团结在党的旗帜下,为国家的进步和发展,为社会主义事业去奋斗、去拼搏、去战胜困难。新中国成立后的经验证明:在任何情况下,只要有了这种精神,我们的党、我们的国家、我们的人民就没有战胜不了的困难;而一旦失去了这种精神,困难就会接踵而至,并且不可战胜。

雷锋的生命虽定格在22岁,但他忠于党和人民、舍己为人、大公无私的奉献精神为国人所铭记。雷锋把人民的利益与幸福看得很重,他为人民干实事的奉献精神值得我们学习。如果各行各业的从业人员都怀着这样一种崇高的奉献精神来工作,少些抱怨、多些责任,少些敷衍、多些敬业,就没有干不好的工作,社会就会井然有序,人民的生活就会蒸蒸日上。

胸怀国家,方有"留取丹心照汗青"的忠诚之心。一个忠于国家、忠于事业、忠于本心的人是值得尊敬的。忠诚于国家与人民是雷锋精神最直接最深刻的表现,他是一颗螺丝钉,哪里需要就出现在哪里,从不计较个人得失,心里装的永远是党和人民的事业。

心有丘壑,方有"不破楼兰终不还"的奋斗之心。雷锋是一个灵魂干净的人、一个思想纯粹的人、一个为共产主义事业奋力拼搏的人。雷锋始终尽最大的努力发挥自己的光和热,他淡泊名利、倾心事业,吃苦耐劳、甘为人梯,勇于克服困难,敢于啃"硬骨头",是一名有着崇高理想、矢志奋斗终身的纯粹的共产党员。

生命的长度是有限的,而我们可以增加它的厚度和宽度,雷锋就是最生动最鲜活的证明。生逢伟大时代,雷锋精神的时代内涵值得我们去把握、去领悟,并把它内化于心、外化于行,在实现第二个百年奋斗目标的征程中赓续奋斗。

三、雷锋精神的丰富内涵和时代价值

深刻把握雷锋精神的丰富内涵和时代价值，对于深入持久地开展学雷锋活动、让雷锋精神永放光芒具有重要意义。

雷锋短暂的一生谱写了壮丽辉煌的人生篇章，树立起永恒的精神丰碑。雷锋精神体现着新中国成立后昂扬向上的时代风貌和精神状态，彰显着中国共产党人的初心使命，是弘扬伟大建党精神的生动写照，已经融入中华民族的精神血脉，成为人们所敬仰和追求的精神文化。雷锋精神是对雷锋事迹所蕴含的崇高品质的凝练升华，内涵丰富、意蕴深刻。

热爱党、热爱祖国、热爱社会主义是雷锋精神的灵魂所在。雷锋在新中国成立前不幸成为孤儿，新中国成立后，他成长为新社会的主人。新旧社会的对比使他深切地感受到中国共产党的崇高伟大和社会主义制度的优越性。雷锋日记的字里行间饱含着爱党、爱国、爱社会主义的炽热情怀。他写道："我就是长着一个心眼，我一心向着党，向着社会主义，向着共产主义。"他对新中国、新生活充满无限热爱和美好向往，始终以饱满的热情和充足的干劲投入工作、学习之中，他一心为国家着想，并将自己的爱国报国之志升华为崇高的共产主义理想。雷锋拥有崇高理想和坚定信念，能够自觉把个人追求与党和国家的前途命运紧密联系在一起，舍己为公、无私奉献，竭力为祖国的繁荣发展贡献智慧和力量。

服务人民、助人为乐是雷锋精神的核心要义。"人的生命是有限的，可是，为人民服务是无限的，我要把有限的生命，投入到无限的为人民服务之中去。"这句充满哲理的名言是雷锋崇高境界的真实写照，体现着服务人民、助人为乐的奉献精神，是雷锋精神的本质与核心。在生活和工作中，雷锋把生命中的每一分热、每一分光都无私地奉献给人民，将春天般的温暖带给同志。从农村到机关，从工厂到部队，凡是雷锋走过的地方，都留下了数不清的好人好事。

艰苦奋斗、勤俭节约是雷锋精神的深厚底蕴。艰苦奋斗、勤俭节约是中华优秀传统美德，在雷锋身上得到了充分体现。雷锋经历了新中国成立初的困难时期和三年严重困难,他积极响应国家号召,“发扬艰苦朴素、勤俭节约的优良传统,不乱花一分钱,不乱买一寸布,不掉一粒粮,做到省吃俭用,点滴积累,支援国家建设”。日常生活中,雷锋总是把节省下来的钱用于支援国家建设,用于帮助他人解决困难,却要求自己“在生活上,要向水平最低的同志看齐”。工作上,他不贪图安逸,主动申请到条件艰苦的地方工作。他把困难比作“纸老虎”,在前进的道路上不但“遇虎而打”,而且进一步“找虎而打”。

走进新时代,奋进新征程。习近平总书记深刻指出:“实践证明,无论时代如何变迁,雷锋精神永不过时。”雷锋精神是中华民族传统美德的集中体现,彰显了中国共产党人的先进本色,以其穿越时空的永恒价值滋润人们的心灵,激励人们奋发图强。新征程上,要深刻把握雷锋精神的时代内涵,让雷锋精神在新时代绽放更加璀璨的光芒。

四、砥砺艰苦奋斗作风，奋进新征程

回顾党史,为了人民、依靠人民,是党中央在延安局部执政的重要经验。延安时期,我们党“站在最大多数劳动人民的一面”,把“全心全意为人民服务”写入党章,坚持“必须给人民以看得见的物质福利”,形成了“只见公仆不见官”的生动局面。

贯通历史与现实,我们深刻体会到,在新时代,就是要牢记人民是最大的底气,永葆初心才能走得远。我们要始终把人民放在心中最高位置,把屁股端端地坐在老百姓的这一面,真心实意为群众做事,决不当“官老爷”。坚持凡是于民有利的事都积极推进,组织党员、干部直面群众的急难愁盼问题,一件一件认真解决。坚持把群众路线贯穿于各项工作之中,严肃认真对待群众反映的问题,坚决纠正损害群众利益的行为,始终同人民群众想在一起、干在一起。

延安时期外有日本帝国主义侵略,内有国民党顽固派军事挑衅、经济封锁,我们党自力更生、艰苦奋斗,在贫瘠的土地上开创了革命事业的新天地。在凤凰山、杨家岭、枣园和照金、马栏等革命旧址,我们深刻感悟到党艰苦创业、敢于胜利的顽强意志;在南泥湾,我们深刻感悟到党“自己动手,克服困难”的坚韧斗志。正如毛泽东同志1949年10月在给延安和陕甘宁边区人民的复电中说的，希望全国一切革命工作人员永远保持过去十余年间在延安和陕甘宁边区工作人员中所具有的艰苦奋斗的作风。老一辈革命家和老一代共产党人留下的光荣传统和优良作风，激励着我们勇往直前。

习近平总书记多次指出：“社会主义是干出来的，新时代是奋斗出来的。”党的十八大以来，以习近平同志为核心的党中央以强烈的使命担当，带领全党全军全国各族人民攻坚克难、开拓前进，解决了许多长期想解决而没有解决的难题，办成了许多过去想办而没有办成的大事，使我国经济实力、科技实力、综合国力显著提升。深入推进党的自我革命，持续净化政治生态，激励干部担当作为，党在革命性锻造中焕发出新的强大生机活力。

新时代，要铭记历史属于奋进者，大力弘扬艰苦奋斗精神。我们要始终保持那么一股劲，那么一股革命热情，那么一种拼命精神，扭住既定目标，只争朝夕、真抓实干。坚持知重负重、破难而进，完整准确全面贯彻新发展理念，以高质量发展统揽全局，扎实做好创新驱动发展、巩固拓展脱贫攻坚成果、乡村振兴、县域经济发展、生态保护、文化传承、民生保障、社会治理、深化改革、扩大开放等各方面工作。

习近平总书记在陕西考察时指出：“延安精神培育了一代代中国共产党人，是我们党的宝贵精神财富。”延安——这座坐落在西北黄土高原的古老城市，因为在中国革命史上的神圣地位被永远载入中国革命史册，老一辈革命家和老一代共产党人在延安留下的优良传统和作风，培育形成的延安精神，是我们党的宝贵精神财富。以“坚定正确的政治方向，解放思想实事求是的思想路线，全心全意为人民服务的根本宗旨，自力更生艰苦奋斗的创业精神”为核心内容的延安精神是贯穿中国共产党领导中国人民进行革命、建设和改革近百年历史的精神谱系的重要组成部分，是中国共产党人在未来奋斗中取之不竭、用之不尽的强大精神动力。

五、弘扬雷锋精神，赓续红色革命谱系

延安精神是马克思主义中国化的产物。说它是马克思主义的，因为它贯穿着马克思主义的立场、观点和方法，贯穿着马克思主义的灵魂；说它是

中国的,因为它体现着中国风格和中国气派,汲取了中华优秀传统文化的精华,吸收了中国广大人民群众的伟大创造,体现了中华民族独特的语言风格,凝练而深刻、生动而朴实。实事求是,把马克思主义活的灵魂,把中国共产党认识和解决一切问题的根本思想方法表述得淋漓尽致;为人民服务,对马克思主义唯物史观关于人民群众的观点和中国共产党的全部工作出发点和落脚点作了精辟的概括;自力更生、艰苦奋斗,则是中国共产党在中国革命中解决一切问题的根本立足点的准确表述。延安时期13年间,中国共产党越来越成熟,在党中央的各项重大决策中没有出现大的失误,党的自身建设从理论到实践有了飞跃性发展。延安精神体现了中国共产党及其领导的事业在这一时期的整体发展状况和党的整体精神风貌。

延安精神的形成,从根本上讲,是由中国共产党的性质和本质特征决定的。为中国人民谋幸福、为中华民族谋复兴,是中国共产党的初心使命,也是中国共产党人战胜各种困难和挫折,不被任何敌人所屈服,不被任何险阻所吓倒,艰苦探索、顽强奋斗的强大精神动力。

在红色革命谱系的传承赓续中,弘扬雷锋精神,就是要坚持以人民为中心的政治立场。雷锋精神的实质是全心全意为人民服务,集中体现了中国共产党的根本宗旨,展现了共产党人的为民情怀。雷锋"为人民服务""当人民勤务员"的价值理念和新时代"以人民为中心""做人民公仆"的价值理念是一脉相承的。大力弘扬雷锋精神,就是要坚持人民至上,站稳人民立场,坚持一切为了人民、一切依靠人民,从群众中来、到群众中去,坚持发展为了人民、发展依靠人民、发展成果由人民共享,把造福人民和人类解放作为价值追求,紧紧依靠人民创造历史伟业。

在红色革命谱系的传承赓续中,弘扬雷锋精神,就是要形成爱岗敬业的社会风气。敬业是中华民族的传统美德,是职业行为准则的价值评价。"干一行、爱一行、钻一行"的"螺丝钉"精神是雷锋精神的形象表达,生动诠释了中国人民的劳动精神、奋斗精神、奉献精神。在雷锋精神的激励下,一代又一代的劳动模范和先进工作者奋发向上、甘于奉献、忠于职守、兢兢业业、精益求精,在平凡的岗位上做出了非凡的业绩。大力弘扬雷锋精神,就是要把报国热情转化为爱岗敬业的动力，激发广大劳动者肯钻研、思进取、求创新，形成爱岗敬业、诚实劳动的良好社会风气。

在红色革命谱系的传承赓续中，弘扬雷锋精神，就是要激发创新活力。创新是一个民族进步的灵魂，是一个国家兴旺发达的不竭源泉。雷锋身上体现出的锐意创新的优秀品质，是激励我们坚持不懈走自主创新之路的不竭动力。以中国式现代化全面推进中华民族伟大复兴是伟大而艰巨的任务，越是伟大的事业越需要开拓创新。大力弘扬雷锋精神，就是要激发创新活力，像雷锋那样，通过刻苦学习丰富自己、提升自己，对任何工作都要钻进去、吃透它，锲而不舍、自强不息、锐意进取，为全面建设社会主义现代化国家而不懈奋斗。

在红色革命谱系的传承赓续中，弘扬雷锋精神，就是要激发艰苦奋斗的精神力量。勤俭节约、艰苦奋斗是中华民族的传统美德，是中国共产党的优良作风和崇高品格。雷锋一生克勤克俭、艰苦奋斗，成为永恒的时代楷模。习近平总书记指出："无论我们将来物质生活多么丰富，自力更生、艰苦奋斗的精神一定不能丢。"大力弘扬雷锋精神，就是要继续坚持厉行节约、反对浪费的方针，必须有长期艰苦奋斗的思想准备，不断增强忧患意识，涵养富贵不能淫、贫贱不能移、威武不能屈的浩然正气，让艰苦奋斗的精神焕发出永恒的价值和生命力。

从延安精神产生的历史背景，我们能够清楚地看到，它的形成具有历史必然性，包含着中国共产党在长期奋斗中积淀的宝贵经验，传承着中国共产党在长期奋斗中形成和发展的红色基因，体现着中国共产党在特定历史时期的整体风貌，是中国共产党奋斗历程的精神结晶。

发扬延安精神，最根本的是要保持中国共产党的本质特征。在新时代，我们党要始终保持以人民为中心的根本执政理念，保持一切为了人民根本利益的价值取向，坚持全心全意为人民服务的根本宗旨，继承与弘扬延安精神，继续从延安精神中汲取力量，带领全国人民不断夺取新时代中国特色社会主义伟大胜利。

奋进新征程，建功新时代。我们要深入学习习近平总书记关于弘扬雷锋精神的重要论述,深刻把握雷锋精神的时代内涵和实践要求,在深化雷锋精神研究阐释、加强思想政治引领上下功夫,把雷锋精神代代传承下去,为实现中华民族伟大复兴提供强大的精神力量。

赓续不朽精神,积蓄奋进力量。历史,是最好的教科书,也是最好的清醒剂,更是最好的助力器。从延安精神到雷锋精神,都是指引我们走好新时代长征路、实现伟大复兴中国梦的力量源泉。伟大精神谱系是中国共产党立党兴党强党的精神原点、思想基点,也是中国共产党人的安身之魂、立命之本。踏上新征程、逐梦新时代,革命历史绝不能忘、革命先进绝不能忘、革命精神绝不能忘,必须重温革命历史、缅怀革命先烈,在一代一代的传承、一代一代的接续中奋力谱写好实现中华民族伟大复兴中国梦的壮丽篇章。

丹青讴歌雷锋精神

吴继金*，贾向红**

习近平总书记指出："要心怀崇敬，浓墨重彩记录英雄、塑造英雄，让英雄在文艺作品中得到传扬，引导人民树立正确的历史观、民族观、国家观、文化观。"[①]用美术作品塑造英雄人物形象、树立新的时代道德楷模，是新中国美术界的传统做法。新中国成立后，红色经典美术作品塑造了一大批革命英烈、时代英雄、先进模范和奋战在一线的普通共产党人的感人形象。例如，东北抗日联军中的英雄杨靖宇、狱中撰写《可爱的中国》的方志敏、毅然砸枪跳崖的"狼牙山五壮士"、宁死不屈的"八女投江"、"为人民利益而死"死得其所的张思德、舍身炸敌碉堡的董存瑞、用身体堵敌枪眼的黄继光、宁烧死也坚守纪律的邱少云等革命英雄人物，在社会主义革命和建设时期"宁肯少活二十年，拼命也要拿下大油田"的王进喜、"县委书记的榜样"焦裕禄、舍身救列车而英勇牺牲的欧阳海、"与烈火展开殊死搏斗"保护国家财产的向秀丽、"干惊天动地事，做隐姓埋名人"的"两弹一星"元勋等，都在红色经典美术作品中进行了塑造。

雷锋对于中国人来说是一个耳熟能详的名字。2009年，雷锋当选"100位新中国成立以来感动中国人物"。雷锋不仅对那个时代的中国人产生了重大而深远的影响，即使今天也是很有影响的人物。雷锋成为政治宣传和

---

* 作者系湖北美术学院马克思主义学院教授，中国红色美术文化研究中心副主任。

** 作者系湖北美术学院环艺学院组织员。

① 习近平.习近平关于社会主义精神文明建设论述摘编[M].北京：中央文献出版社，2022：251.

文艺塑造的对象，雷锋的形象在中国媒体上广泛出现，雷锋的事迹被写成报告文学、诗歌、散文，被编成话剧、戏曲，被拍成电影，学习雷锋的歌曲在校园里和社会上广泛传唱。在不断传播雷锋事迹的过程中，又生发出新的传播形式，如美术家以雷锋为题材创作了大量的经典美术作品，以极具视觉冲击力的艺术形式，表现出雷锋这个英雄人物的个人魅力和英雄气度，从而丰富着雷锋形象传播的内容和形式，推动着雷锋事迹的深入传播，为弘扬社会正能量作出了贡献。

一、描述雷锋事迹

红色经典美术作品塑造的雷锋形象，首先是通过描述雷锋生平事迹来体现的。如同用文字记载雷锋生平事迹一样，美术作品也是记录的一种重要形式。其中，连环画篇幅可长可短，可用于记载雷锋一生或某一方面的英雄事迹，形象生动，情节丰富，故事感人至深，因而受到了普遍欢迎。描述雷锋事迹的连环画是很普遍的，20世纪六七十年代，几乎人人都读过《雷锋》连环画。参与《雷锋》连环画创作的，有业余美术爱好者，但绝大多数是专业的甚至是知名画家。

当时公开出版的《雷锋》连环画主要有：1963年3月，由人民美术出版社出版、姜维朴等改编、费声福等绘制的48开《雷锋》连环画。这是毛泽东题词“向雷锋同志学习”后，全国最早出版的雷锋题材连环画。1963年，吴敏、高山绘制的32开连环画《毛主席的好战士雷锋》，由解放军画报社出版。王建郁、李森林等改编，王真、刘馗、赵明钧等绘制的连环画《毛主席的好战士雷锋》，1965年由辽宁美术出版社出版。这两本《毛主席的好战士雷锋》连环画，在首届全国连环画评奖中分别荣获二等奖和三等奖，可见雷锋题材连环画不仅具备很强的观赏性和可读性，还有十足的艺术魅力。据不完全统计，从1963年至今，全国共出版了50多个版本的雷锋连环画。此外，雷锋题材的连环画还有《共产主义战士——雷锋》《甘当革命的傻子——雷锋的故事》《雷锋故事——人民的勤务员》《雷锋传》等。20世纪六七十年代，是雷锋题材连环画创作和出版的高峰，许多经典的雷锋题材连环画在这个时期涌现。

到了20世纪80年代，随着社会环境的变化，新版本的雷锋题材连环画渐渐减少，出现在市场上的多是再版本。到了20世纪90年代，新版本的雷锋题材连环画又相继出现。应当指出的是，毛泽东等伟人对雷锋的题词手迹一般出现在雷锋题材的连环画中，大多数刊登在扉页或前几页。

除了出版雷锋题材的连环画书籍外，在当时的报刊上也刊登了雷锋故事的连环画作品。例如，《新民晚报》在全国率先发表了雷锋的肖像画并用连环画的形式连载了雷锋事迹，作者是著名连环画家、海派国画名家汪观清。1963年2月26日起，《新民晚报》正式连载汪观清绘制的连环画《伟大的普通一兵》，每日2幅，配以文字，连载了1个月有余。3月5日，全国各地的报刊纷纷转载，掀起全国人民学习雷锋好榜样的热潮。

雷锋连环画，有的完整地描绘出雷锋平凡而伟大的一生，如从雷锋出生于苦难家庭开始，包括童年和少年的悲惨经历，长大后在不同的岗位上积极工作、任劳任怨，直到参军入伍，因公牺牲。雷锋连环画记录了雷锋的生平，描述了雷锋的事迹。雷锋1940 年出生于湖南长沙。1947年秋，父亲、母亲、哥哥先后去世，年仅7岁的雷锋成了孤儿，受尽旧社会的剥削压迫。解放后，雷锋不忘阶级苦，牢记血泪仇，在党的教育和关怀下，健康成长。雷锋时时处处严格要求自己，大公无私，助人为乐，在不同的岗位上积极工作、任劳任怨，多次受到表彰。1960年1月，雷锋入伍。同年11月，雷锋加入中国共产党。1962年8月15日，年仅22岁的解放军战士雷锋因公牺牲。在22年的人生中，雷锋始终践行着“把有限的生命，投入到无限的为人民服务之中去”的誓言，服务人民、助人为乐，干一行、爱一行。

除了连环画以外，还有一种出版物，就是介绍和宣扬雷锋事迹的宣传画。自1963 年3月全国开始掀起“向雷锋同志学习”的热潮以来，全国各地的出版社出版了大量的有关雷锋的宣传画。这些介绍和宣扬雷锋事迹的宣传画，侧重于表现雷锋事迹的某一个方面。

“人的生命是有限的，可是，为人民服务是无限的，我要把有限的生命，投入到无限的为人民服务之中去。”这是《雷锋日记》中的名言。雷锋有着崇高的理想和坚定的信念，总是满怀热情去干那些有益于人民、有益于国家、有益于党、有益于社会的事。“对待同志要像春天般温暖。”“为人民做点好事，再苦再累也觉甜。”雷锋主动下伙房帮厨，为营区院子打扫卫生、冲厕所；他利用休息时间到附近工地义务搬运砖块，为生产队运输肥料，为小学清扫积雪；他在火车上为乘客排忧解难，留下“好事做了一火车”的佳话；他省吃俭用，将节余的钱捐给灾区或帮扶战友、同事……江昌淼创作了国画《把有限的青春投入到无限的为人民服务中去——雷锋》，画面上的雷锋身穿军装，态度和气，正在为旅客端茶送水，画面上还写下了《雷锋日记》中的名言。

雷锋助人为乐，不计名利。每次做完好事，被别人询问名字时，雷锋总是响亮地回答：“我叫解放军！”在雷锋事迹中，有这样一例：一次，雷锋在沈阳站换车的时候，遇到一个背着小孩的中年妇女，她从山东去吉林看望丈夫，车票和钱都丢了，正在哭泣。雷锋了解原因后，毫不犹豫地用自己的津贴费买了一张火车票，塞到这位中年妇女的手里，并安慰她。这位中年妇女十分感动，含着眼泪地问道：“大兄弟，你叫什么名字，是哪个单位的？”雷锋说：“我叫解放军，就住在中国。”著名画家广廷渤创作了油画作品《我叫解放军——雷锋》，反映的是一个类似的事件：一次外出时，正下着大雨，雷锋遇到了一位冒雨行走的老奶奶。于是，雷锋将雨衣披在老奶奶身上，护送她回家，挥手告别时，老奶奶问雷锋叫什么名字？雷锋回答说：“我叫解放军。”《我叫解放军——雷锋》的画面中，雷锋精神饱满，回答着老奶奶的问话，正举手告别，一个动人、亲切、充满人文情怀的雷锋形象显现在观众面前。背景中，大面积盛开的白色梨花分外美丽，衬托出雷锋的美好心灵和高尚品格，表达了对真善美的赞扬与歌颂。

二、讴歌雷锋精神

雷锋精神作为一种价值观，是一种抽象的力量，必须“物化”，即通过物质形象外化和彰显，变成看得见、摸得着的物质，才更容易被了解和接受，实现其价值。[①]以雷锋为题材的红色经典美术作品，就是通过物质形象的外化

① 李春燕.刍论当代中国社会形象塑造的标准——以社会主义核心价值观为视角[J].理论导刊，2014(10):71-74.

和彰显，将雷锋事迹中所蕴含的深刻的思想内容和精神力量通过生动形象的方式为人们所认知和了解，有助于弘扬和传承雷锋精神。

1963年3月5日，《人民日报》发表毛泽东“向雷锋同志学习”的题词。雷锋这个响亮的名字一下子为全国人民所熟知，全国各地迅速掀起了学习雷锋的热潮，雷锋这个平凡而又崇高的战士的动人事迹传遍祖国各地，感动着全国人民。雷锋精神的内涵可以归纳为：热爱党、热爱祖国、热爱社会主义的崇高理想和坚定信念，服务人民、助人为乐的奉献精神、干一行爱一行、专一行精一行的敬业精神，锐意进取、自强不息的创新精神，艰苦奋斗、勤俭节约的创业精神。[①]

版画家吴强年被雷锋的事迹和精神所打动，采用了象征主义的手法和有力的刀笔，于1963年创作出木刻版画作品《雷锋》，成为宣传雷锋精神的经典美术作品。画面上的雷锋手握冲锋枪，穿着棉军衣，戴着棉军帽，巍然屹立，显示出高大、自信、坚强的形象。作者在创作过程中，有意突破雷锋严肃的肖像描绘，让雷锋的嘴角微微张开，显示出雷锋青春飞扬的笑容，着力表现雷锋崇高、明朗、自豪而又朴实可爱的形象。作品以强烈的黑白处理和坚硬而不失细腻的刀法极大地增强了视觉效果，给人以直观的刚强感和穿透感。雷锋与他身后耸立的石山交相呼应，左侧山峰顶天立地，右侧山峰一高一低、一前一后，宛如铜墙铁壁，以加强纪念碑式的庄重效果，更加突出雷锋的高大。雷锋像一座雕像，像一座丰碑。作者本人曾道出他创作这幅作品时的构思：“在画面背景的处理上，耸立的山峰岩石力求单纯有力，以加强纪念碑式的效果，给人以社会主义祖国千秋万代和雷锋精神屹立千秋的联想。整体形式追求则在造型严谨的前提下，以强烈的黑白处理和大刀阔斧的刀法表现增强视觉效果。”画家用肖像式的构图正面构刻出雷锋的形象，塑造出伟大的共产主义战士雷锋的高大形象，体现出雷锋精神如同民族脊梁、屹立千秋，歌颂了雷锋精神的不朽。

进入21世纪，雷锋主题的美术作品也从未走出主流视野。中国美术馆

① 邵维正，张娜，李步前，等.红色画卷——书写中国共产党人的精神谱系[M].石家庄：河北美术出版社，2024：164.

馆长吴为山于2012年创作的《雷锋》雕塑走入了小学二年级《语文》课本，成为青少年儿童对于雷锋的第一视觉印象。吴为山的《雷锋》高1.9米，与经典作品中肃穆庄严的雷锋形象不同，作品塑造了雷锋面带微笑走在春风里的一瞬，令人倍感亲切。从雷锋欢快、温暖的神情中，观众可以感受到一个有情感、有温度、有血有肉的雷锋。雷锋走在春风里，走在生命里，也走进人民中间。作品成为课本中弘扬雷锋精神的素材，并配以诗歌《雷锋叔叔，你在哪里》。

还有很多歌颂雷锋精神的宣传画，雷锋并非画面的主体人物，基本上是以雷锋的头像形式出现，已不再是雷锋形象的原型，只是作为画面中的背景。把雷锋头像作为代表雷锋的一个符号来运用，也可以看成把雷锋的方方面面都抽象化，抽象成一个符号，这个符号就是雷锋的头像。当人们一看到他的头像的时候，除了识别出头像本身所包含的内容，比如和蔼可亲、意志坚定，还会联想到他的故事、事迹等与他有关联的信息。[①]这类作为雷锋形象的符号的宣传画，主要是号召人们向雷锋学习，传承雷锋精神。例如，宣传画《像雷锋同志那样热爱毛主席思想》，画面的右上方为雷锋正在阅读《毛泽东选集》的图像，仅仅是作为衬托的背景，而画面的中心位置则是精神抖擞的女青年。这名女青年身穿绿军装，斜挎着黄书包，背着一个竹编背篓，背篓中装着多本《毛泽东选集》。女青年抬头仰视，目光炯炯，寓意着要像雷锋那样认真学习毛泽东著作，才能找准革命前进的方向。又如，宣传画《向雷锋同志学习》，雷锋塑像位于画面的上方，尽管位于画面的中心，但也只是作为背景出现，画面的重点是描写工、农、兵、学、商等各阶层的人民群众，手持《毛泽东选集》，响应毛泽东号召，决心向雷锋学习，沿着毛泽东思想的道路前进。

儿童是祖国的未来。从小学雷锋，在幼小的心里埋下道德的种子，这样传承雷锋精神才后继有人。当时，有很多反映少年儿童学雷锋的宣传画，在这类宣传画中，雷锋只是一个符号，作为画面中的背景，而画面的主体人物则是活泼的少年儿童。例如，同为《向雷锋同志学习》的两幅宣传画，雷锋和

① 李学博.从照片到符号[D].北京：中央美术学院，2013：53.

毛泽东“向雷锋同志学习”题词都是画面上部的背景。前一幅画面中是一位戴着红领巾的女少先队员，她五指并拢，举过头顶，行少先队的队礼。她健康可爱，眼神明亮，正注视着前方，寓意着少先队员学习雷锋，茁壮成长。在画面中，一簇簇盛开的牡丹花，绚烂多姿，五彩缤纷，位于雷锋与少先队员的前面，象征着繁荣昌盛的祖国和充满生机活力的社会主义新生活。后一幅作品描绘了一个身穿红裙子、头戴蝴蝶结的小女孩，正拿着扫把，清理着地面。同样，画面上也有大面积的牡丹花，分散在雷锋塑像和小女孩的周围。背景中的雷锋和毛泽东“向雷锋同志学习”题词，表明小女孩是学雷锋做好事，在雷锋精神的激励下，新中国少年儿童朝气蓬勃、积极向上，过着幸福的生活。

“学习雷锋好榜样，忠于革命忠于党……”无论经历多少风霜雨雪，无论有过多少时光流转，有一个名字总会在你我的心田照射出无尽的光芒，这个名字一直照耀着人间，温暖着每个人的心，他就是雷锋。红色经典美术作品塑造的雷锋形象，成为雷锋精神的载体，在传播雷锋事迹和弘扬雷锋精神中发挥了重要作用。

赓续雷锋精神 争做民族复兴之路上的好青年

解 帅*

习近平总书记指出："雷锋是时代的楷模，雷锋精神是永恒的。"雷锋热爱党、热爱祖国、热爱社会主义的崇高理想和坚定信念，服务人民、助人为乐的奉献精神，干一行爱一行、专一行精一行的敬业精神，锐意进取、自强不息的创新精神，艰苦奋斗、勤俭节约的创业精神，启迪着今天，也影响着未来，更是新时代中国青年的精神标杆。习近平总书记指出："积小善为大善，善莫大焉。"与雷锋"为人民服务""做人民的勤务员"是一脉相承的。雷锋精神永远值得弘扬。

2023年2月23日，"把雷锋精神代代传承下去——纪念毛泽东等老一辈革命家为雷锋同志题词六十周年"座谈会在北京召开，会上传达了习近平总书记关于学习雷锋精神的重要指示。党的二十大报告指出："全面建设社会主义现代化国家，必须有一支政治过硬、适应新时代要求、具备领导现代化建设能力的干部队伍。"青年兴则国家兴，青年强则国家强，作为踔厉奋进民族复兴之路上的生力军，新时代青年赓续伟大的雷锋精神，充分彰显其时代价值，投身于中国式现代化的建设大潮，对于实现中华民族伟大复兴的中国梦至关重要。

一、新时代青年要赓续雷锋爱党爱国的"赤子心"

雷锋精神蕴含着雷锋热爱党、热爱祖国、热爱社会主义的崇高理想和坚

* 作者系新疆大学马克思主义学院博士研究生。

定信念。雷锋说:“我就是长着一个心眼,我一心向着党,向着社会主义,向着共产主义。”这是雷锋崇高理想和坚定信念的鲜明表达。雷锋一生为党和人民奋斗,没有崇高理想和坚定信念是做不到的。习近平总书记在与北京大学师生座谈时指出:“爱国,是人世间最深层、最持久的情感,是一个人立德之源、立功之本。”心有所信,方能行远。十月革命的一声炮响,给当时正值民族危难之际的中国送来了马克思主义,广大先进青年高擎马列主义旗帜进行了一次又一次的救亡图存,也正是由于马列主义旗帜,使当时的中国青年树立了坚定的信仰。

在社会主义建设探索时期,中国经济整体处于困难时期。雷锋在日记中写道:“现在,我们国家处于困难的时期。我们是国家的主人,应该处处为国家着想,事事要精打细算,不能今朝有酒今朝醉,明日愁来明日忧。”相比之下,处于新时代中华盛世的青年,更要厚植爱国主义情怀,自觉把“小我”融入“大我”之中,将个人命运与国家和民族的前途命运紧紧相连。同时,要以报效国家之“大理想”来滋养鸿鹄之志,始终心怀“国之大者”,在学思践悟中时刻笃定着对新时代中国特色社会主义必然胜利的“家国自信”,努力将青春梦想转化为实现中华民族伟大复兴的中国梦,推动中华民族复兴伟业在中国式现代化的康庄大道上不断阔步向前挺进。

二、新时代青年要赓续雷锋忠诚为民的“奉献心”

雷锋精神既映照着雷锋的爱国之心,也彰显了雷锋的忧民之心。雷锋曾说:“人的生命是有限的,可是,为人民服务是无限的,我要把有限的生命,投入到无限的为人民服务之中去。”雷锋始终坚持人民利益至上,以服务人民为最大幸福,以帮助他人为最大快乐。

2021年4月19日,习近平总书记在清华大学考察时指出:“当代中国青年是与新时代同向同行、共同前进的一代,生逢盛世,肩负重任。”马克思指出:“如果我们选择了最能为人类福利而劳动的职业,那么,重担就不能把我们压倒,因为这是为大家而献身的。”所谓一代人有一代人的使命,一代人有一代人的担当。为此,新时代青年要把“人民的利益高于一切”作为自己行动的最高准则,并站在人民的立场上,把人民对美好生活的向往化为自己人生的奋斗目标，以“不用扬鞭自奋蹄”的责任担当，扑下身子，深入群众，通过向人民学习、向人民请教，贴近人民、走进人民，做到同人民群众心连心、同呼吸，在与人民群众的情感互通互融中增长才干，开拓事业。历史唯物主义视域下，人民群众是历史的主体，只有把住人民群众的所需、所急、所盼，才能真正地把住时代的脉搏，才能使青年都能扛起自身的担子，在建设中国特色社会主义的实践中更好地成长起来，在使命担当中尽展青春之才、青春之能与青春之力。

三、新时代青年要赓续雷锋自强不息的“进取心”

雷锋精神彰显着雷锋自强不息的锐意进取之心。马克思指出：“一个时代的精神是青年代表的精神，一个时代的性格是青年代表的性格。”雷锋成为全国人民学习的楷模，这与雷锋勇于进取、不畏困难的拼搏精神息息相关。面对当时国家的内忧外患，无论是在工作中，还是在生活中，雷锋总有无穷的动力。他常说：“我愿做高山岩石之松，不做湖岸河旁之柳。我愿在暴风雨中——艰苦的斗争中锻炼自己，不愿在平平静静的日子里度过自己的一生。”

新时代青年是推动社会进步的重要力量。经过百年奋斗，中华民族迎来了从站起来、富起来到强起来的伟大飞跃，迎来了实现伟大复兴的光明前景。习近平总书记在中共中央党校青年干部培训班开班式上强调：“年轻干部一定要挺起脊梁、冲锋在前，在斗争中经风雨、见世面。”当前，多元价值与多元文化带来观念上的冲击，青年要主动拒绝躺平、摆烂等惰性思维的束缚，切莫被西化思潮消磨斗志，被温水煮青蛙的怠惰理念腐蚀心气。温室里长不出参天大树，懈怠者干不成宏伟事业。对于青年而言，生于盛世，就要鼓足干劲，皆当不负盛世。要把雷厉风行和久久为功结合起来，争当开路先锋，满怀斗争精神，敢于走出舒适区，拒做温室中的花朵。疾风知劲草，烈火见真金。要以“天将降大任于斯人”的清醒认知，以梦为马，不负韶华，实现自己幸福美好的未来和中华民族的光明前景。

四、新时代青年要赓续雷锋苦行躬耕的“敬业心”

雷锋精神体现了雷锋对党的工作、对人民工作的一片热忱。雷锋曾在多个岗位上奋斗过，先后当过通讯员、拖拉机手、推土机手、汽车兵，不论做什么工作，他总是发扬“螺丝钉”精神，做到干一行热爱一行、干一行精通一行。他说：“我一定要更好地听从党的教导，党叫我干什么，我就干什么，决不讲价钱。”

在当今的百年变局之下，各种新事物层出不穷，青年要避免好高骛远，应脚踏实地做好手头工作。首先，要解放思想，同时代接轨，苟日新，日日新，又日新，切忌因循守旧，要主动摈弃封建迷信糟粕、西化分化思潮，坚持用先进理论武装头脑，沉下心，多诵读经典原著，坚持不懈用习近平新时代中国特色社会主义思想凝心铸魂，淬炼深度思考的能力，练就“乱云飞渡仍从容”的定力，防止在思想上陷入被动。习近平总书记曾勉励广大青年：“努力学习掌握科学知识，提高内在素质，锤炼过硬本领。”马克思主义作为“真理之钥”，具有真理性、科学性与人民性，深刻读懂弄清马克思主义为什么“能”、中国共产党为什么“行”、中国特色社会主义为什么“好”的关键问题，才能守住意识形态的阵地防线。实践是认识的来源，为此，青年要深入调查研究，要发现真问题、解决真问题。纸上得来终觉浅，绝知此事躬行。新时代青年要扑下身子、耐住性子、锻炼脑子、扎稳步子，只有扎根于基层，苦干实干，抱有问题意识，才能真正避免陷入“躲进小楼成一统”之闭门造车的“成长陷阱”。要学会在调研中长知识、强素养、升才干、解民意。正所谓“知者行之始，行者知之成”，青年要想成长成才，就要从基层做起，在最艰难困苦的地方磨炼心性、锻铸本领。

五、新时代青年要赓续雷锋自找苦吃的“历练心”

雷锋精神彰显着雷锋艰苦奋斗的精神风貌。艰难方显勇毅，磨砺始得玉成。雷锋不畏艰苦、永久奋斗的精神值得学习和效仿。雷锋曾在一双袜子上前前后后补了28个洞，将常年穿着的工作服洗得颜色发白。雷锋在1961年4月28日的日记中写道：“现在，我们国家处于困难的时期。我们是国家的主人，应该处处为国家着想，事事要精打细算，不能今朝有酒今朝醉，明日愁来明日忧。我们要奋发图强，自力更生，克服当前存在的暂时困难，坚决反对大吃大喝，力戒浪费。”

习近平总书记指出:“中华民族伟大复兴,绝不是轻轻松松、敲锣打鼓就能实现的。”“自找苦吃”这四个字,习近平总书记曾不止一次提到过。这四个字不仅是总书记对自己的要求,也承载了总书记对新时代青年的殷切期望。青年大学生、青年干部想要行稳致远,在自己的工作岗位上干出一番事业,就要不惧艰难困苦,拿出“自找苦吃”的精气神,在不断“吃苦”的人生舞台上练就本领。《习近平的七年知青岁月》一书中,记载着从1969年1月开始,年仅15岁的习近平在梁家河村7年的下乡插队经历,读后总是给予人们巨大的心灵鼓舞。曾经的梁家河村是陕北典型的偏僻闭塞的小山村,山高沟深、土地贫瘠、生态脆弱,路无三尺宽、地无一亩平,不通路、不通电,饮水困难,生产生活条件十分艰苦。面对穷困饥饿和繁重的农活压力,年轻的习近平虚怀若谷,刻苦学习。习近平总书记回忆曾经梁家河村的岁月时讲道:“我人生第一步所学到的都是在梁家河。”青年时期是苦练本领、增长才干的黄金时期,青年要坚决杜绝“当一天和尚撞一天钟”“三天打鱼两天晒网”“守铺子、混日子”等得过且过的消极思想,要坚定雷锋精神中“不怕苦”“擅吃苦”的信念,善于在吃苦中摸爬滚打,体察世间冷暖,踔厉奋发、笃行不怠,以踏石留印、抓铁有痕的毅力,以咬定青山不放松的韧劲,接好人民交予的接力棒,走好新时代的“长征路”。

习近平总书记指出:“让学习雷锋精神在祖国大地蔚然成风。”“不断发展壮大学雷锋志愿服务队伍,让学雷锋在人民群众特别是青少年中蔚然成风。”在纪念五四运动100周年大会上,习近平总书记指出:“新时代中国青年要珍惜这个时代、担负时代使命,在担当中历练,在尽责中成长,让青春在新时代改革开放的广阔天地中绽放,让人生在实现中国梦的奋进追逐中展现出勇敢奔跑的英姿,努力成为德智体美劳全面发展的社会主义建设者和接班人。”党的二十大报告也强调,全党要把青年工作作为战略性工作来抓,这充分体现了党和国家对青年干部培养的殷切期盼,对新时代青年工作的高度重视。新时代青年要牢记习近平总书记的谆谆嘱托,争做起而行之的行动者、勇毅前行的追梦人,努力将内心之梦转化为脚踏实地的实际行动,让青春之芽在不懈的奋斗中绽放出绚丽之花。

雷锋精神助力辽宁全面振兴的时代价值与实践路径

闫　萍*，甘洪沛**

辽宁是新中国工业的重要摇篮和工业化的重要发源地。新时代新征程，习近平总书记对新时代东北振兴、辽宁振兴寄予厚望。20年来，东北从转型发展的阵痛中逐渐走出，一步步迈入全面振兴蓄势待发的新阶段。在实现辽宁全面振兴的新长征中，需要精神文化的滋养与激励。雷锋精神彰显中国特色、反映民族精神、体现时代要求、蕴含人性光辉、凝聚发展力量的精神特质决定了其在辽宁全面振兴中必然发挥重大的作用与价值。

一、雷锋精神的历史发展脉络

雷锋是时代的楷模，雷锋精神永存于人心。习近平总书记指出："我们既要学习雷锋的精神，也要学习雷锋的做法，把崇高理想信念和道德品质追求转化为具体行动，体现在平凡的工作生活中，作出自己应有的贡献，把雷锋精神代代传承下去。"①雷锋精神在中国历史上经历了三个时期的发展：社会主义革命和建设时期、改革开放和社会主义现代化建设新时期和中国特色社会主义新时代。每个时期，雷锋精神都展现出不同的特点和风貌。

（一）雷锋精神在社会主义革命和建设时期的发源与雏形

雷锋精神的发源可以追溯到社会主义革命和建设时期。当时，中国正

* 作者系沈阳师范大学马克思主义学院马克思主义中国化专业在读研究生。
** 作者系东南大学马克思主义学院马克思主义基本原理专业在读研究生。

① 本报评论员．把雷锋精神代代传承下去[N]．人民日报，2021-08-16(001).

处于社会主义事业的初级阶段，作为一名普通的解放军战士，雷锋通过自己的实际行动展现了对人民的深情厚谊和无私奉献。雷锋始终将集体利益和人民利益置于个人利益之上，全心全意为人民服务，彰显了爱岗敬业、无私奉献的精神。尽管当时雷锋的形象还只是一个初步轮廓，但已经开始引起广泛的共鸣和弘扬。党中央深刻认识到社会主义意识形态教育对于凝聚力量的重要性。雷锋作为乐于奉献、勇于牺牲、爱国爱党的楷模，成为开展意识形态教育的宝贵素材。在雷锋牺牲之前，雷锋精神教育就已经在部队和辽宁地区展开。1963年1月7日，国防部授予雷锋生前所在的二排四班“雷锋班”荣誉称号，并决定在1963年1月25日《人民日报》上刊登。当时，雷锋精神的传播主要局限于东三省地区。1963年3月5日，《人民日报》《解放军报》《光明日报》《中国青年报》等同时发表了毛泽东“向雷锋同志学习”的题词。第二天，《解放军报》首次发布刘少奇、周恩来、朱德、邓小平等领导同志的亲笔题词，号召全国人民学习雷锋的共产主义精神品质。这一举动标志着学习雷锋活动在全国范围内逐步展开。在党的领导下，通过报纸媒体的宣传，学习雷锋的活动如火如荼展开。20世纪60年代，涌现了大量相关作品，其中包括《雷锋颂》和《我的名字叫解放军》等深受欢迎的作品，歌曲《学习雷锋好榜样》至今仍广为传唱。北方曲艺界及时跟进，单弦艺术家石慧儒于1964年创作并演唱了《学雷锋》等作品。越剧领域也涌现出不少相关表演作品，如《强盗出门无善心》《老鼠过街人人打》等。这些文艺作品展示了学雷锋活动的广泛性，极大地推动了雷锋精神的传播和弘扬，进一步激励着全国各地人民积极践行雷锋精神，构建社会主义新风尚。

（二）雷锋精神在改革开放和社会主义现代化建设新时期的继承与弘扬

在改革开放和社会主义现代化建设新时期，雷锋精神得到了更加深入的传承和弘扬。人们对雷锋精神的理解逐渐多样化，不再将其局限于共产主义精神和无产阶级斗志，而是更强调奉献意识和敬业精神。在这一时期，雷锋精神的教育注重理论与实践相结合。通过学术研究探讨雷锋精神在培育“四有”新人方面的重要意义，着重研究雷锋精神对培养社会责任感和奉献精神的重要性。20世纪90年代，一些研究机构如中国雷锋研究会和抚顺学雷锋研究会等相继成立，加强对雷锋精神与社会主义市场经济关系的研究与探讨。①2003年2月27日，李长春在纪念学雷锋40周年大会上强调了学雷锋活动对于社会主义精神文明建设的重要性，并强调了继承和发扬雷锋精神的重要性，号召全党全社会深入开展学雷锋活动。2011年10月18日，《中共中央关于深化文化体制改革 推动社会主义文化大发展大繁荣若干重大问题的决定》中提出了深入推进学习雷锋活动的重要任务，并制定了常态化学习雷锋活动的措施。这一决议旨在弘扬雷锋精神，促进社会主义核心价值观的传播和践行，推动全社会形成向上向善、敬业奉献的良好风气，引导人们树立正确的人生观和价值观，倡导勤劳奉献、互助友爱的社会风尚，培养全社会积极向上的精神风貌。从话语取向看，这一时期的雷锋精神更加突出人民的主体性，更加凸显社会主义现代化建设所需要的精神风貌，更加注重激发人们的社会责任感和使命感，引导广大人民群众积极投身到国家发展和社会进步的伟大事业中去。这一时期，雷锋精神不断得到深入传承和弘扬，雷锋精神成为推动社会主义核心价值观的传播和践行、引领社会风尚、培养全社会积极向上精神风貌的重要力量。

（三）雷锋精神在中国特色社会主义新时代的赓续与发展

自党的十八大以来，党中央高度重视雷锋精神教育，提出了新时代雷锋精神教育的要求。新时代的雷锋精神教育注重多层次、生活化和实践性，使雷锋精神教育成为生活的常态。党中央对雷锋精神教育进行了顶层设计，加强了雷锋精神教育的常态化机制建设。在毛泽东为雷锋同志题词刊登60 年的关键时间节点，教育部发布了《教育系统关于新时代学习弘扬雷锋精神 深入开展学雷锋活动的实施方案》，明确要求在知、信、行上下功夫，推动雷锋精神融入思想政治教育，并加强组织保障，取得实效。习近平总书记多次就雷锋精神教育发表讲话，为新时代加强雷锋精神教育指明了方向。

① 王建成，郭幼茂，武善彩，等.雷锋宣传史[M].南京:江苏教育出版社，2013:242.

习近平总书记强调:“我们既要学习雷锋的精神,也要学习雷锋的做法,把崇高理想信念和道德品质追求转化为具体行动,体现在平凡的工作生活中,作出自己应有的贡献,把雷锋精神代代传承下去。”新时代,雷锋精神教育注重生活化、实践性,强调将雷锋精神融入日常生活和实际行动。党中央高度重视雷锋精神教育,将其纳入中国共产党人精神谱系,为实现强国建设、民族复兴提供了重要的精神支撑。

二、雷锋精神助力辽宁全面振兴的时代价值

雷锋精神不仅是坚持改革创新的精神动力,也是坚持道路自信、重视人民力量和坚定理想信念的思想基础和精神支撑。雷锋精神是推动辽宁全面振兴的重要思想动力,应当珍视传承,并将其融入各项工作中,以实现经济社会的全面发展和进步。

(一)雷锋精神是新时代辽宁坚持改革创新的精神动力

新中国成立以来,辽宁作为东北三省老工业基地的代表之一,在共和国的成长和发展中起到了重要的基础性作用。辽宁人民用勤劳和智慧创造了新中国工业的辉煌,为我国建立独立完整的工业体系和国民经济体系作出了历史性的贡献。200多个“共和国第一”是对辽宁人民创新精神的最好证明。自改革开放以来,辽宁积极响应国家发展的号召,勇敢探索、大胆创新。辽宁人民成功研制生产出了国产航母、歼15战机、“蛟龙”号潜水器、新松机器人、盾构机等一系列重要的国家装备。虽然大型国企的固有问题和封闭的生产方式曾阻碍了辽宁的发展与创新,但是在改革开放的大潮中,辽宁不断探索发展的新思路和新方法,取得了瞩目的成果。在国企混合所有制改革和对外开放中,以沈阳、大连为代表的转型升级一路向前,拓宽了新时代发展之路,为东北老工业基地的振兴贡献了力量。在推动全面振兴的过程中,辽宁注重改革创新,推进社会事业发展,致力于构建和谐、稳定、安全的社会环境。雷锋精神引领着辽宁人民不断创新、锐意进取,具有重要的时代价值。雷锋精神激励着辽宁人民砥砺前行、勇于创新,推动辽宁实现经济社

会持续健康发展。同时，雷锋精神促进了辽宁社会的和谐进步，营造了良好的社会氛围。

（二）雷锋精神是新时代辽宁坚持道路自信的思想基础

雷锋生于社会主义中国，深知社会主义制度的优越性，始终怀着热爱和信仰，践行着中国特色社会主义核心价值观。雷锋精神彰显了对中国特色社会主义道路的自信，激励着辽宁人民勇敢面对困难和挑战，在改革创新中找到适合自己的发展道路。雷锋精神是促进辽宁全面振兴的重要思想动力。作为中国工业重镇和老工业基地，辽宁正在进行经济转型升级和全面振兴的探索和实践。雷锋精神鼓舞着辽宁人民勇敢面对挑战，开拓创新，积极探索符合辽宁实际的发展模式和路径，树立起辽宁特色、辽宁品牌，实现经济社会可持续健康发展。雷锋精神的传承和发扬，将为辽宁全面振兴注入更多正能量。

（三）雷锋精神是新时代辽宁重视人民力量的思想源泉

雷锋精神的实质在于全心全意为人民服务。雷锋始终把人民群众的利益放在心中最高位置，倾听人民呼声，关注人民疾苦，用实际行动践行为人民服务的宗旨。这种深厚的人民情怀激励着辽宁关心民生、关爱弱势群体，推动辽宁社会的和谐发展。为深入实施辽宁全面振兴新突破三年行动，辽宁提出学习借鉴浙江“千万工程”经验，进一步推进美丽乡村建设，造福省内广大农民群众，为辽宁全面振兴提供强有力保障。在雷锋精神的感召下，涌现出郭明义、罗阳、中船重工第七六〇研究所等一批英雄模范和成百上千的“辽宁好人”。雷锋精神鼓舞了辽宁人民发扬主人翁精神，积极参与全面振兴建设。雷锋以无私奉献的精神影响了一代又一代人，激励着人们勇于担当、奋发进取。辽宁正处在经济社会转型的关键时期，需要每一个辽宁人发挥自己的力量，为辽宁全面振兴贡献智慧和力量。只有让人民群众成为全面振兴的参与者、共享者和见证者，才能实现经济社会的可持续健康发展。

（四）雷锋精神是新时代辽宁坚定理想信念的精神支撑

雷锋为了共产主义事业毫不犹豫地投身到革命斗争中，用自己的实际行动践行共产主义的理想和信念。雷锋精神激励着辽宁人民坚定理想信念，在实现中国梦的伟大征程中不断奋发努力。辽宁省朝阳市直属机关工作委员会副书记魏国升是个充满正能量和奉献精神的人，他始终坚定理想信念，践行和传承雷锋精神。从捐资助学、帮困助残到挽救生命，再到弘扬精神，他都展现出了无私奉献、大爱无疆的社会责任感和使命担当。他带领志愿者爱心服务队开展了多项公益活动，为社会作出了许多贡献。当前，实现全面振兴新突破三年行动的战鼓已经擂响，辽宁人民要继续在党中央的正确领导下，用无私奉献和忠诚担当唱响新时代的雷锋之歌，为推动辽宁全面振兴发展作出新的更大贡献。

三、雷锋精神助力辽宁全面振兴的实践路径

中国特色社会主义进入新时代，雷锋精神被赋予新的时代内涵。践行雷锋精神，有助于推动辽宁经济高质量发展，为辽宁全面振兴凝聚强大的精神力量。

（一）坚持党的全面领导，引领振兴发展新方向

中国共产党的领导是中国特色社会主义最本质的特征，是实现国家繁荣富强和人民共同富裕的根本保证。在辽宁振兴发展的征程中，坚持党的全面领导，具有重要而深远的意义。党的全面领导不仅是辽宁振兴发展的根本保证，更是引领辽宁走向繁荣富强的关键所在。坚持党的全面领导是每一位党员干部义不容辞的责任和义务。党员干部作为“领头雁”，在实践中具有重要的引领作用，应当以身作则，时刻保持先进性和纯洁性，坚持党的原则和道德底线，做到忠诚担当、廉洁奉公，不断探索新思路、新模式、新方法，拓宽工作思路和视野。同时，还要注重培养和选拔后备干部，为组织建设和事业发展注入新鲜血液。习近平总书记深入阐述了东北振兴的重要性、方向性和全局性问题，为推动东北全面振兴提供了明确指引和强大动

力。辽宁应全面贯彻习近平总书记的重要讲话精神，紧密结合实际，加强改革创新，培育新的经济增长动力，推动产业升级和转型发展。辽宁是我国工业化的重要起源地和摇篮，辽宁振兴对于东北全面振兴至关重要。要在党的全面领导下，弘扬雷锋精神，激发人民的内在动力，形成共同奋斗的合力，才能实现振兴目标。

（二）讲好敬业奉献故事，厚植振兴发展新担当

“千淘万漉虽辛苦，吹尽狂沙始到金。”敬业奉献是一种高尚的品质，是推动事业发展的强大动力。在辽宁振兴发展的征程中，讲好敬业奉献故事，可以激励人们积极投身于振兴事业。第一，加强人民群众对雷锋精神的认同。要将雷锋精神教育融入机关、企业、社区和学校中，推动雷锋精神走进课堂、走进社区、走进生活，激发人民群众对雷锋精神的认同感。在辽宁振兴新征程上，青年一代是充满活力的生力军，要学习和践行雷锋精神，培育高尚的品格和无私奉献的精神，开拓进取、扎实奋斗。广大辽宁青年要认真学习历史，了解辽宁在新中国成立后发挥的重大作用；学习党的方针政策，了解辽宁在新时代国家发展大局中的战略地位；广泛开展调查研究，了解辽宁地区发展的现实状况，为辽宁振兴新征程注入青春力量。第二，发挥雷锋精神的人格塑造作用。近几年，辽宁开展了一系列表彰活动，评选了“辽宁省道德模范”“辽宁好人”“向上向善好青年”等，表彰那些在工作和生活中展现出卓越品质和奉献精神的典范，旨在树立榜样，弘扬正气。辽宁涌现出许多优秀的人物，如郭友义、李志强、方文墨等，他们以崇高的道德品质和无私的奉献精神获得了广泛赞誉。他们不仅在自己的工作岗位上表现出色，而且在日常生活中发挥了积极的作用，为他人的幸福和社会的进步作出了贡献。他们的事迹鼓舞着更多的人，激发着人们的奋斗热情，成为社会前进的强大力量。第三，创新雷锋精神的宣传教育载体平台。要进一步利用以互联网为核心的新媒体技术，通过微电影、纪录片等形式，生动展现雷锋精神的内涵。要结合当代的传播方式和技术手段，深入发掘新时代的雷锋事迹，注重互动性和参与性，不断创新和完善宣传策略，使更多的人特别是年轻人能够了解、传播和践行雷锋精神。要坚持用雷锋精神育人，为推进辽宁振兴

事业的发展注入敬业奉献的精神底蕴。

（三）营造创新创业氛围，打响振兴发展新会战

改革开放后，由于体制机制僵化、改革进程缓慢、经济活力不足，以及由此导致的守旧观念、政府行为失误、投资环境恶化等多方面因素，辽宁老工业基地的光辉逐渐黯然失色。在新征程中，若要重振辽宁老工业基地的活力，必须坚定贯彻新发展理念，不断进行改革，消除阻碍东北振兴的多重因素，营造浓厚的创新创业氛围，出台新政策，提出新举措，建立新制度。第一，营造营商新环境。要全面深化改革，促进体制机制创新，深化简政放权，优化服务环境，降低市场准入门槛，加强知识产权保护，简化行政审批程序，提高行政效率，为企业创新创业提供更好的政策支持和服务保障。第二，培育接续产业，搭建数字化产业平台。培育接续产业和搭建数字化产业平台是关键的战略举措，可实现产业链条的完整性和稳定性，提升产业的综合竞争力。在加强精细化学品板块的发展中，要进一步巩固基础，加速培育催化剂新品类，并将产业链拓展至橡塑助剂、特种溶剂、特种涂料等领域。在新材料板块的发展中，应注重延伸高端聚烯烃、工程塑料、特种工程塑料、特种橡胶及弹性体等化工新材料产业链，实现产品从“燃料”向“材料”的战略性转型，打造具有区域特色和国内领先水平的新材料产业基地。同时，建设数字化产业平台，促进信息共享和资源整合，推动产业数字化转型，提升生产效率和产品质量。通过降低创业门槛，提供政策支持和技术支持，鼓励更多的创业者参与到“互联网+”创新创业中来，共同推动经济的快速发展。第三，制定人才新政策。用艰苦创业的雷锋精神对人才进行价值引领，培育一批扎根东北大地的创业精英，为其创造良好的创业环境。[①]加强校企合作，搭建创新创业平台，促进产教融合，培养更加符合市场需求的技术人才，让毕业生能够更快速地适应工作环境，并为企业带来新的动力。同时，要为创业者提供更好的政策和环境支持，降低创业成本，提高创业成功率。

---

① 王建，盖志伟，董玲玲.论弘扬雷锋精神对开启东北振兴新征程的意义[J].辽宁广播电视大学学报，2022(02):101-104.

雷锋精神的历史溯源、道德内核与时代力量

王　刚*

1963年，毛泽东亲笔题词“向雷锋同志学习”，掀起了全国各条战线、各个行业学习雷锋先进事迹的热潮，为提高全民族的思想道德水平、培育文明风尚、提升全社会的凝聚力和向心力发挥了重要作用。[①]党的十八大以来，习近平总书记发表了一系列关于弘扬雷锋精神的重要讲话、指示和回信，在多个场合从不同角度阐述雷锋精神，倡导学雷锋活动。2023年，习近平总书记对深入开展学雷锋活动作出重要指示：“60年来，学雷锋活动在全国持续深入开展，雷锋的名字家喻户晓，雷锋的事迹深入人心，雷锋精神滋养着一代代中华儿女的心灵。实践证明，无论时代如何变迁，雷锋精神永不过时。”[②]伟大时代呼唤伟大精神，崇高事业需要榜样引领。雷锋用自己平凡而伟大的一生，自觉为祖国和人民奉献一切，其光辉行为体现了榜样的力量和崇高的道德。

一、历史溯源：新旧社会的强烈对比铸就坚定的理想信念

人的行为背后的动因是复杂的，深受社会环境的引导和制约，每个人对

* 作者系中共武威市委党校副教授。

① 刘建军，梁天卓．雷锋精神的永恒价值、时代内涵与实践路径——学习习近平关于弘扬雷锋精神的重要论述[J]. 马克思主义理论学科研究，2023，9(03)：104-112.

② 习近平对深入开展学雷锋活动作出重要指示强调：深刻把握雷锋精神的时代内涵 让雷锋精神在新时代绽放更加璀璨的光芒[N]. 人民日报，2023-02-24(001).

社会条件又有着自己的理解和判断，由此形成了各自丰富多彩的人生。[①]雷锋是一个好人，是一个努力的人，是一个一心为他人、为社会付出的人，这是社会公众对雷锋的朴素直觉。改革开放以后，随着社会主义市场经济的深入和信息时代的到来，社会上既有不断弘扬雷锋精神的良好态势，也有对雷锋及其形象、精神的迷惑与误解，认为雷锋事迹不一定是真的，甚至别有用心者说雷锋是"傻子"。可见，雷锋及雷锋精神的表述主体、场域和方式发生了深刻变化。[②]要让雷锋精神真正深入人心，必须深度挖掘雷锋精神的历史溯源，从而体现雷锋行为的真实性与崇高性，让全体公众在新时代自觉践行雷锋精神。

（一）对党和祖国的感恩之心

感恩是雷锋精神产生的原动力。雷锋出生于湖南望城的一个贫农家庭，不到七岁就成了孤儿，日寇的侵略暴行、旧社会的黑暗压迫，让他过着饥寒交迫的生活，旧社会的苦难在雷锋幼小的心灵留下沉重的烙印。新中国成立后，雷锋入校读书、参加农业生产和工业建设、应征入伍成为一名解放军战士，这些经历让雷锋产生了强烈的感恩意识，感恩党和政府让他从"无家"到"有家"再到"当家"。这种感恩意识的生成与积淀，为雷锋的成长提供了原动力。

雷锋对党和政府的感恩没有仅仅停留在思想意识上或口头表述上，而是内化为具体的道德实践——报恩。从望城到鞍山，再到抚顺，从农场职工、工厂工人，再到解放军战士，雷锋心里永远装着他人。听说人民受灾，他就毫不犹豫地捐出自己的"巨额存款"；听说战友家庭困难，他就偷偷往战友家里寄钱……这些伟大的报恩实践使其成为无私奉献的典范。

（二）投身新中国建设的炙热之情

新中国成立特别是社会主义三大改造完成以后，社会发生了翻天覆地的变化。劳动人民当家作主，以公有制为基础的集体经济建立，全国人民激

① 彭怀祖，吴东照．重读《雷锋日记》——以先进典型研究为视角[M]．北京：人民出版社，2021.

② 欧彦伶．记忆塑造中的雷锋精神传承研究[J]．人民论坛·学术前沿，2019(11)：108-111.

情高涨地投入到建设社会主义的事业中，整个社会充满了克勤克俭、赶超先进、团结友爱的积极氛围。雷锋也不例外，他将自身的奋斗目标与国家的发展需要同向同行。

但长期的战乱使得国家元气大伤，可谓一穷二白、百废待兴，发展经济的基础极为薄弱，加上三年困难时期，使得全国大部分人吃不饱穿不暖。除此之外，国际反华势力强大、中苏关系恶化，内外交困的发展格局使得新中国处于困难时期。新中国的建设需要全体人民的共同努力，雷锋积极响应号召。雷锋发扬勤俭节约精神，处处精打细算。他把全部精力投入到社会主义建设的伟大事业中，在做好本职工作的同时，只要有空余时间，他就努力为他人、为社会作贡献。

（三）学习英雄人物的激励之力

道德榜样是不同时期社会所要求的主流道德观的人格体现，集中体现了一定时期社会最具代表性的高尚品德和精神追求。优秀的道德典型具有强大的说服力和影响力，如同一面旗帜，指引者社会大众的前进方向，深刻影响着社会的群体认同。雷锋先后经历了抗日战争、解放战争和社会主义建设初期，革命年代和社会主义建设初期涌现出的董存瑞、黄继光等各式英雄人物成为雷锋学习的榜样，深深影响了其道德观念、道德标准和道德境界。雷锋多次学习《纪念白求恩》，并时刻用白求恩那种毫不利己、专门利人的共产主义精神来激励自己、鞭策自己。

除了学习革命英雄的先进事迹外，雷锋也虚心向周围的先进人物学习。在他的日记中，这类人物比比皆是，有他的排长、连长，有他在报纸上看到的舍己救人的先进人物向秀丽、郑春满等。通过学习先进模范，雷锋找到了现实中比较的对象，进而对照自己的一言一行，严格要求自己、勉励自己。榜样的力量是无穷的，雷锋充分吸取了榜样身上的坚定信念、不怕牺牲、艰苦奋斗等精神营养，在实践中处处彰显榜样的力量。

（四）善行受到肯定的鼓舞之境

雷锋的一生是短暂的，但他一生助人为乐、敬业奉献，真正做到了平凡而伟大。由于他持续不断地付出，国家、社会和人民大众对雷锋的言行高度肯定。在鞍钢，他连续多次被评为先进生产者、标兵和红旗手；在部队里，他又被评为优秀战士、节约标兵、模范共青团员。持续不断的表彰与肯定激励着雷锋持续地为人民做好事。

"人民"是贯穿中国共产党人精神谱系的主题词，全心全意为人民服务是中国共产党最为宝贵的精神品质。雷锋殉职后，雷锋精神得到高度颂扬，几代党和国家领导人对其给予充分肯定。文艺界人士先后创作了抒情诗《雷锋之歌》和歌曲《学习雷锋好榜样》。应该看到，榜样教育有力地促进了社会主义精神文明建设，深刻影响着广大人民群众的价值取向。新时代，要不断创新榜样教育的内容与形式，使其成为公民道德建设的重要内容。

二、道德内核：凡人善举的杰出典范

据湖南省雷锋精神研究会针对500名中小学生的调查，认为雷锋是影视明星的占17%，认为雷锋是解放军战士的占58%，认为雷锋是科技工作者的占5%，认为雷锋是战斗英雄的占17%。[①]相关调查显示，不少90后、00后不了解雷锋，没读过《雷锋日记》等相关书籍。这可以理解，毕竟雷锋离开我们已经60多年了，他所处的时代环境和当下有着诸多不同，尤其是年轻一代的多元意识不断增强，雷锋精神在当代的意义与价值必然会引发思考与争论。事实上，雷锋已逐渐从一个人名、一种人生道路，升华为一种精神符号，雷锋所代表的不单单是"有灵魂、有本事、有血性、有品德"的人格，也体现出人们对真善美的向往。

（一）道德信念：忠于共产主义事业的人民战士

信念是情感、认知和意志的有机统一体，是个体在认知的基础上确立的对某种思想或事物坚信不疑并身体力行的心理态度或精神状态。休谟认为："信念是我们想象对象的方式，是和先前的一个印象关联着的或联接着的一种生动观念。而且，它能够被心灵感知，并对行动起支配作用。"[②]由此

① 陶克.告诉你一个真实的雷锋[J].雷锋，2016(09)：70-73.
② 休谟.人性论(上册)[M].关文运，译.北京：商务印书馆，1980:112-117.

可见，信念并不简单地被认为是理想与精神层面的，而是有着实践动力，能够真正行动的善良意志，信念本身就已经蕴含了人的道德潜能。共产主义理想信念自诞生以来便深入亿万无产阶级者的内心，体现了科学理论品质和崇高价值追求的统一，也彰显着现实目标与终极理想的辩证统一，引发了共产党人为人类解放事业献身的崇高感情，涌现了无数令人敬仰的英雄人物，雷锋就是其中之一。

雷锋在日记中写道："个人和集体的关系，正像细胞和人的整个身体的关系一样，当人的身体受到损害的时候，身上的细胞就不可避免也要受到损害。同样的，我们每个人的幸福也依赖于祖国的繁荣，如果损害了祖国的利益，我们每个人就得不到幸福！"点滴言语鲜明地展现了雷锋对共产主义的坚定信仰，突出了他对党和国家的无限深情。坚定的共产主义信仰是雷锋保持党员先进性的根本原因，也是雷锋鞠躬尽瘁的精神动力。雷锋把实现共产主义作为人生的最高理想，在其短暂的一生中，产生了比一般人更为强烈的为实现共产主义奋斗终身的愿望，保持着比一般人更为持久的前进动力。正如邓小平同志曾经指出："谁愿当一个真正的共产主义者，就应该向雷锋同志的品德和风格学习。"

作为一名共产党员、一名战士，雷锋时刻牢记自己的共产主义使命、共产主义理想。雷锋为了实现这个最高理想和最终目标而努力，始终把自身的命运同党和人民的事业紧紧联系在一起，克服困难、不惧挫折，坚决听党的话，一辈子跟党走，时刻保持共产党员的政治本色。

（二）道德行为：为党为祖国为人民奉献一切

"听党的话，服从命令听指挥，党指向哪里，我就冲向哪里。"在雷锋的日记里，字里行间体现出对中国共产党、对祖国的无限热爱。雷锋爱党爱国爱人民，不仅记录在他的日记中，更体现在他为党和国家事业努力奋斗的具体行动上。雷锋自觉把个人前途命运与国家社会的前途命运紧密联系在一起。国家号召要兴办农业，他就主动申请去农场驾驶拖拉机；国家要加强工业建设，他就积极报名去鞍钢当一名工人；国家号召青年入伍，他经过不断努力和多次恳求，终于参军到部队。雷锋始终怀着一颗火热的赤子之心，认为国家利益和集体利益高于一切、重于一切、大于一切，用自己的实际行动践行了“忠于革命，忠于党”。

雷锋始终把自己与人民群众联系在一起，将全心全意为人民服务的理念贯彻一生。雷锋在读完《毛泽东选集》后说道：“我觉得要使自己活着，就是为了使别人过得更美好。”直到牺牲的前几天，雷锋还在努力解答永恒的人生问题：“我活着是为了全心全意为人民服务，是为人类的解放事业——共产主义而斗争。”他没有什么惊天动地的壮举，却在平凡中书写了伟大。连队内，雷锋以“小周”的名义给其家里写了信又寄去10元钱，把自己帽子的内里拆下来一针一针地为战友补裤子，帮助炊事员洗白菜，把营房周围、室内室外打扫得干干净净……处处体现出对战友的无私关怀。连队外，雷锋更是闲不下来，只要碰到有需要帮助的，就立刻伸出援手，主动推车运砖、主动帮助列车员打扫卫生、给旅客端茶倒水、给丢了车票和钱的陌生人买车票、给老人拎包袱、送大娘回家……作为榜样人物的雷锋，无疑在证明：广大劳动者只要能够将个人价值的实现与国家的利益相结合，那么平凡人也可以具有伟大的精神力量，在不起眼的岗位上也可以做出引人瞩目的成就。[①]

（三）道德传承：中华民族传统文化的时代体现

雷锋精神不是无源之水，在其形成过程中带有中华优秀传统文化的深刻烙印。中华民族数千年“德治”传统所积淀的深厚道德意识，熏陶了这个文化场域中的每一个人，也为雷锋精神打下了深深的烙印。中华传统文化的重要基石是儒、道、释，它是一个有机的整体，把和谐、仁爱、中庸等理念贯穿其中。雷锋在其成长过程中也广泛地吸纳了诸如“克己奉公”“舍生取义”“仁者爱人”“天下兴亡，匹夫有责”“己欲立而立人，己欲达而达人”“鞠躬尽瘁，死而后已”等传统美德和文化价值。[②]雷锋精神与中华民

① 朱婧薇.雷锋精神的文化建构与当代传承[J].中国青年研究，2021(10)：85-92.
② 符惠明.民族精神的科学内涵及其基本功能[J].理论探讨，2005(6)：96-98.

族“国家兴亡，匹夫有责”“苟利国家生死以，岂因祸福避趋之”的爱国传统相一致；与中华民族倡导的扶危济困、守望相助、民胞物与、仁者爱人的思想相一致；与中华民族遵行的敬业乐群、恪尽职守的情操相一致；与中华民族提倡的因时而变、与时偕行、自强不息、革故鼎新的理念相一致；与中华民族坚守的“成由节俭败由奢”“艰难困苦，玉汝于成”“民生在勤，勤则不匮”的古训相一致。

雷锋精神既是对中华优秀传统文化的传承，更是对中华优秀传统文化的创造性转化和创新性发展。古言有云“吾日三省吾身”，强调通过修养使个体具备美德。儒家哲学强调“入世”，认为人们在加强自我道德修养的同时要积极回报社会，并以此作为衡量人生幸福的价值标准，这种人生观、价值观已深深地烙在每个中国人的心中。雷锋十分注重个人品德修养，他虽出生于贫苦农家，幼年成为孤儿，但他从小就立下远大志向，特别是有了学习机会之后，他孜孜不倦地从毛泽东著作中吸取营养，在火热的社会生活中锤炼自己，处处严格要求自己，时时深刻反思自己。雷锋的一生是短暂的一生，也是乐观进取、自强不息的一生。旧社会的苦难没有使他丧失斗志，反而促使他在新社会努力奋斗——上学时，刻苦求学；在鞍钢时，吃苦耐劳；当推土机手时，因技术过硬多次被评为先进；参军后更是苦练驾驶技术和杀敌本领。中华民族传统美德中关于“修身”的要求，深深植入雷锋的基因，并得到继承和发展。

“齐家”本义是指一个人在家庭中应具有的美德，包括勤俭持家、团结友爱、尊老爱幼等。[①]雷锋自幼是个孤儿，在他有生之年也没有组成新的家庭。他在日记中指出：“我是党的儿子，人民的勤务员。我走到哪里，哪里就是我的家，我就在哪里工作。”雷锋努力将“齐家”思想发扬光大。儒家主张“仁者爱人”，孔子提倡“己所不欲，勿施于人”，孟子提出“老吾老，以及人之老；幼吾幼，以及人之幼”。中华传统文化主张人们用“仁爱”之心去尊重、理解、关心、爱护和帮助他人，雷锋正是这样践行中华美德，从而凝聚成与人为善、助

① 王钧林，王法强.成人、齐家与化俗：家礼教化功能探析[J].中州学刊，2023(10)：119-125.

人为乐的互助精神。背同学过河，帮生病同学补习，照顾女同志，把自己的棉衣送给衣衫单薄的老大爷，给战友缝补被子，把自己的午饭让给没带饭的战友吃……雷锋像一团火，有一分热、发一分光，处处散发着与人为善、助人为乐的灼灼光辉。雷锋坚持以国家、集体和人民利益为重。他说，人的生命是有限的，而为人民服务是无限的。这种纯洁无私的人生追求，是对中华传统美德的继承、丰富与发展。

三、时代力量：全人类共同的精神财富

习近平总书记在党的十九大报告中指出："坚定文化自信，推动社会主义文化繁荣兴盛。"雷锋以平凡的人生实践树立起人生价值坐标中最挺拔的丰碑。雷锋精神包括热爱党、热爱祖国、热爱社会主义的崇高理想和坚定信念，服务人民、助人为乐的奉献精神，干一行爱一行、专一行精一行的敬业精神，锐意进取、自强不息的创新精神，艰苦奋斗、勤俭节约的创业精神。当前，我国社会主义现代化建设取得历史性成就，中国特色社会主义进入新的发展阶段，社会主要矛盾由"人民日益增长的物质文化需要同落后的社会生产之间的矛盾"转化为"人民日益增长的美好生活需要和不平衡不充分的发展之间的矛盾"。与此同时，全球化以来的人类"一体化"历史，伴随着振荡反复的显性或隐性危机，全人类共同价值突显出凝聚各方价值共识的世界意义。[①]从这个意义上说，雷锋不仅是中国人民的榜样，也是世界所有向往美好生活的人们心中的典范。

（一）雷锋精神是全人类共同价值的重要标识

习近平总书记指出："雷锋精神是永恒的，是社会主义核心价值观的生动体现。"雷锋精神作为超越资本逻辑的精神选择，为构建人类命运共同体，解决现代生活中涌现出的诸多问题和复杂矛盾提供了理论源泉。[②]雷锋精

① 桑建泉，陈锡喜．全人类共同价值的世界意义：历史确证、理论创新与价值引领[J]．浙江社会科学，2022(3)：4-11.

② 田鹏颖，单旖旎．超越资本逻辑的精神选择——兼论雷锋精神的永恒魅力[J]．沈阳师范大学学报(社会科学版)，2019(3)：1-5.

神的内核——志愿服务、敬业奉献，不仅体现着人类的共同价值、共同理想，更体现着全人类的共同美德。志愿服务是文明社会不可或缺的部分，表现出个体在做好本职工作的前提下，出现在社会最需要的地方，利用个人时间去为他人服务。这种利他行为充分体现了人的高尚性，反映了社会的文明与向上，是正义与仁爱的具体表达。雷锋精神与志愿服务精神具有内在一致性。雷锋用一生践行了“把有限的生命投入到无限的为人民服务之中”①。雷锋精神与志愿服务精神都带有鲜明的利他性，是站在最广大人民的立场上，将人民对美好生活的向往作为价值目标。雷锋以其助人为乐、无私奉献、全心全意为人民服务的实践生动地阐释了中国志愿服务的内涵与本质。

雷锋曾在日记中写道：“一个人的作用，对于革命事业来说，就如一架机器上的一颗螺丝钉。”这种螺丝钉的比喻生动表现了雷锋爱岗敬业、恪尽职守的优良品质。在当今社会，为了保障国家安宁、社会平安，为了保证社会发展有序、文明向上，需要人们响应号召、服从安排、努力奉献，或是在边疆巡逻，或是在戈壁造林，或是为祖国的航空航天事业奉献一生，或是时刻准备和犯罪分子作殊死搏斗。当然，我们也需要在平凡的岗位上尽心尽力，在普通的工作中发光发热，这种勤恳实干的螺丝钉精神在任何时代都有重要的价值。

作为一个自然人，雷锋是中国的。当雷锋成为一种文化符号，成为人类共同倡导的一种价值观和良好风尚时，就不仅仅是一个人，而是一种精神载体，从这个意义上讲，雷锋是世界的。②雷锋纪念馆里的留言簿上，有二十几种外国文字写下的上万条留言，尽管写下这些留言的人肤色、语言和年龄各不相同，但字里行间都透露出对雷锋的钦佩与赞扬。20世纪末，雷锋以纯朴微笑的“中国形象”入选“全球20世纪最有影响力的100 张照片”。2012年，雷锋又以“党和国家领导人题词最多的士兵”荣获上海大世界基尼斯纪录认

① 宋春艳，谢文凤．弘扬雷锋精神 培育中国特色社会主义职业道德[J].道德与文明，2017(2)：33-35.

② 英明．雷锋精神对丰富人民精神世界的重大意义[J].党政干部学刊，2023(03)：17-22.

证。可以说,雷锋精神在全球得到了广泛的认同。在此基础上,要进一步凝练和发扬雷锋精神,针对各个国家、地区的不同习惯和特点,用他们易于接受、容易产生共鸣的方式,介绍雷锋、宣传雷锋精神,让雷锋精神承载的中华优秀传统文化、全人类的共同价值,被世界广泛接受。

(二)雷锋精神是现代社会功利过盛的有力矫正

市场经济的本质是通过市场竞争配置资源,竞争性、公开性是市场经济的重要特征。市场经济激活了人的自利情结,个体只要通过自身努力,充分发挥长处,就能在市场竞争中获取资源,必然促成全社会充满活力,资源的配置亦会体现合理性、科学性,全社会财富总量的持续增加就有了基础性的保证。

但市场经济的负面效应强化了人们的趋利意识。社会上出现了"一切向钱看"的不良风气,有些人在利益面前丢弃了诚信和原则,将追逐自身利益作为唯一目的,甚至为达目的而不择手段、见利忘义、唯利是图。与此同时,经济全球化的过程中,西方的极端利己主义、消费主义思潮也随之进入中国,给人们的价值观带来巨大冲击。①在这个强调差异性和个体性的时代,探讨并厘清雷锋精神的当代价值,是极为重要的。雷锋精神中蕴含的集体主义和奉献精神正好设立了行为边界,即追求自我利益的最大化应当以尊重他人的权益为边界,自我价值的实现应当以维护集体利益为边界。②

千百年来,道德视域下人的应当问题,中外学者普遍认为占主导地位的核心要义是利他,是在利他视域下关于人的应当问题。随着社会的发展和研究的深入,利他已有宏观与微观、直接与间接等差别化讨论。因此,道德是有程度差异的,自觉牺牲自身利益的利他行为,是道德行为的重要标识。雷锋的行为所体现的正是自觉牺牲自身利益的利他行为,是一种高尚的道

---

① 杨增崇.雷锋精神的基本内涵及其育人价值[J].人民教育,2021(15):12-15.

② 周小毛,何绍辉.陌生人社会中的道德建设:兼论雷锋精神[J].伦理学研究,2017(4):105-109.

德行为。

社会主义现代化征程中需要千千万万个雷锋。弘扬雷锋精神,能够有效防止过度的市场功利性,确保为祖国为人民献出爱的人得到尊崇,从而使祖国的每个角落都得到发展,每个人都得到关爱,每一项工作都有人去做,社会主义精神文明之花开遍祖国大地,促进全社会财富持续不断增长和社会文明程度不断提高,中国特色社会主义现代化建设一定会“众人拾柴火焰高”。

中国式现代化视域下雷锋精神与共产党人使命担当的内在关系

王荣亮*，罗　馨**

“不忘初心、牢记使命”贯穿党的革命、建设、改革的全过程，是中国共产党人继承和发扬优良传统，向着美好未来和理想前进的永恒主题和力量源泉，要时刻坚守共产党人的这一精神家园。雷锋将满腔热血甚至生命奉献给了祖国和人民，以自己的生命铸起了一座无私奉献的丰碑，把自己的一切献给了国家，献给了党的事业，以光明磊落的一生诠释了共产党人的初心和使命！中国共产党之所以能实现从小到大、由弱变强，战胜一个又一个困难，取得一场又一场胜利，就是因为从举旗定向的那一刻开始，始终有一批又一批雷锋式的共产党员不忘初心、牢记使命，带领人民群众奋勇向前，不断取得斗争的胜利。1963年3月，毛泽东题词“向雷锋同志学习”。雷锋精神生生不息，在中国大地上开花结果、世代相传。党的十八大以来，习近平总书记对弘扬雷锋精神作出一系列重要论述，指出要“让学雷锋活动融入日常、化作经常，让雷锋精神在新时代绽放更加璀璨的光芒”。2021年9月，党中央批准了中央宣传部梳理的第一批纳入中国共产党人精神谱系的伟大精神，雷锋精神被纳入其中。

* 作者系内蒙古鄂尔多斯市委党校讲师。
** 作者系南京中医药大学马克思主义学院讲师。

基金项目：国家社科基金青年项目“中国共产党坚持胸怀天下的世界历史意义研究”（24CKS033）。

一、雷锋精神的历史渊源、深刻内涵和时代价值

雷锋用真挚爱民之情谱写了朴素的人文情怀，闪烁着永恒的文明之光、人性之光和理想之光。大力倡导爱人、帮人、关心人的人生价值观，能够为实现中华民族伟大复兴凝聚伟大力量。

（一）历史渊源

中国共产党的初心与使命就是“为中国人民谋幸福、为中华民族谋复兴”，一代又一代中国共产党人接续践行、从未改变。从开天辟地、敢为人先的红船精神到艰苦奋斗、星火燎原的井冈山精神；从坚持真理、勇于修正错误的古田精神到艰苦卓绝、一往无前的长征精神，从艰苦奋斗、理论联系实际的延安精神到谦虚谨慎、戒骄戒躁的西柏坡精神，这些用鲜血和生命铸就的红色精神就是中国共产党人在革命战争年代不忘初心、牢记使命的生动诠释。历史表明，初心和使命是中国共产党人与生俱来的优秀基因，这些红色基因成为雷锋精神的重要来源。

雷锋精神是“博施于民而能济众”民本思想的创新性发展。孔子认为：“己欲立而立人，己欲达而达人。”“博施于民而能济众”表达了中国传统政治哲学的民本理念，是中国传统政治哲学的价值目标。马克思主义传入中国后，在中国共产党领导下的革命实践中形成了人民群众是历史的创造者的历史观，催生了为人民服务的思想，且把为人民服务上升为我们党的宗旨。雷锋为了践行党的宗旨，在日常工作和生活中，关心群众，帮助群众解决困难，不计较个人得失，用自己的实际行动塑造了党的光辉形象，同时使自己的人格不断得到完善。新时代，雷锋精神有了新的内容。从铁胆忠魂、忘我拼搏的航母精神到自主创新、精益求精的蛟龙精神，从守望相助、同频共振的扶贫精神到刀刃向内、抓铁有痕的改革精神，这些在新中国建设发展改革过程中涌现出来的时代精神，不仅将中国共产党人不屈不挠、开拓创新的“精气神”写入史册，使雷锋精神与时代同向发展，也将这份初心与使命融入中国共产党的血脉，凝聚实现中华民族伟大复兴的磅礴力量。

（二）深刻内涵

热爱党、热爱祖国、热爱社会主义是雷锋精神的灵魂。解放前，雷锋成为孤儿；解放后，雷锋在党和人民的帮助下成长起来。这一经历使他深切感受到中国共产党的崇高伟大和社会主义制度的优越性。雷锋日记饱含着爱党、爱国、爱社会主义的真挚情怀。他写道："我就是长着一个心眼，我一心向着党，向着社会主义，向着共产主义。"①雷锋对新中国、新社会充满热爱向往，以饱满热情和充足干劲投入到社会主义建设中，一心为国家着想，并将自己的爱国报国之志升华为崇高的共产主义理想。雷锋拥有崇高理想和坚定信念，能够自觉把个人追求与党和国家的前途命运紧紧联系在一起，舍己为公、无私奉献，竭力为祖国的繁荣发展贡献智慧和力量。

服务人民、助人为乐是雷锋精神的核心要义。雷锋曾说："人的生命是有限的，可是，为人民服务是无限的，我要把有限的生命，投入到无限的为人民服务之中去。"②这是雷锋精神崇高境界的真实写照，体现着服务人民、助人为乐的奉献精神，是雷锋精神的本质与核心。在生活和工作中，雷锋把生命中的每一分热、每一分光都无私地奉献给人民，将春天般的温暖带给同志。"我活着，只有一个目的，就是做一个对人民有用的人。"雷锋是这样说的，也是这样做的。从农村到机关，从工厂到部队，雷锋走过的地方都留下了数不清的好人好事。雷锋向辽阳灾区捐款、帮助公社积肥、为战友缝补衣服、辅导小学生学习……"雷锋出差一千里，好事做了一火车"就是他服务人民、助人为乐的生动体现。

干一行爱一行、专一行精一行是雷锋精神的鲜明特色。雷锋甘于平凡，服从革命的需要和组织的安排。无论在哪个岗位上，雷锋始终爱岗敬业。雷锋精神体现在他的实干上，他总是把实现崇高理想落实到本职岗位上。立足本职、忠于职守，做一颗永不生锈的螺丝钉，这是雷锋对待职业的基本观念和职业操守。雷锋全身心投入到自己的事业中，充满干事业的激情和

① 雷锋.雷锋日记[M].北京:解放军文艺出版社,1963:102.
② 雷锋.雷锋日记[M].北京:解放军文艺出版社,1963:153.

动力，殚精竭力，在平凡的工作岗位上做出不平凡的业绩。雷锋一生把工作当作快乐，不怕苦、不怕累，以满腔的热情投入到每一项工作。雷锋认为："一个人的作用，对于革命事业来说，就如一架机器上的一颗螺丝钉……螺丝钉虽小，其作用是不可估量的。我愿永远做一个螺丝钉。"[1]正是这种甘当螺丝钉的态度，使雷锋能够干一行爱一行、专一行精一行，把他"拧"在哪里就在哪里起作用。做公务员，他踏实认真；开拖拉机，他是全县第一个优秀拖拉机手；到了鞍钢当工人，他是先进工作者；做汽车兵，他努力钻研技术，创新性地将一辆油耗大的破旧车改为节油标兵车。凭借着这种忠于职守、精益求精的敬业精神，雷锋在有限的生命和平凡岗位上做出了不平凡的业绩。

锐意进取、自强不息是雷锋精神的突出特征。雷锋热爱学习、善于学习。雷锋认为："人只有不断地努力学习，才不会迷失方向。"[2]无论任何时候，雷锋总是抽出时间学习马列著作和《毛泽东选集》，他将毛主席著作比作"粮食、武器、方向盘"。雷锋说："人不吃饭不行，打仗没有武器不行，开车没有方向盘不行，干革命不学习毛主席著作不行！"[3]当雷锋听到有些同志说工作忙、没有时间学习时，他提倡发挥"钉子"精神，要善于"挤"和"钻"。雷锋挤时间读书、训练军事技能、参加农业生产、搭建模拟汽车驾驶台等，大胆探索、勇于创新。面对困难和挫折，雷锋认为："不经风雨，长不成大树；不受百炼，难以成钢。"[4]雷锋身上体现了开拓进取、自强不息的精神风貌。

艰苦奋斗、勤俭节约是雷锋精神的深厚底蕴。艰苦奋斗、勤俭节约是中华优秀传统美德，在雷锋身上得到了充分的体现。雷锋经历了新中国成立初的困难时期和三年严重困难，他积极响应国家"发扬艰苦朴素、勤俭节约的优良传统，不乱花一分钱，不乱买一寸布，不掉一粒粮，做到省吃俭用，点滴积累，支援国家建设"的号召。日常生活中，雷锋总是把节省下来的钱用于支援国家建设和帮助他人，却要求自己"在生活上，要向水平最低的同志

① 雷锋.雷锋日记[M].北京:解放军文艺出版社，1963:109.
② 雷锋.雷锋日记[M].北京:解放军文艺出版社，1963:81.
③ 雷锋.雷锋日记[M].北京:解放军文艺出版社，1963:77.
④ 雷锋.雷锋日记[M].北京:解放军文艺出版社，1963:71.

看齐”[①]。工作上，雷锋不贪图安逸，主动申请到条件艰苦的地方工作。艰苦奋斗、勤俭节约成为雷锋一生的行为方式。

（三）时代价值

雷锋精神是中华优秀传统文化和革命文化相结合的价值体现，是民族精神和党的优良传统在新的历史条件下的升华。雷锋精神作为民族精神的有机组成部分，过去、现在和将来都是教育和激励人们奋发前进的精神财富。雷锋精神是民族精神的有机部分和先进文化的重要内容，我们应扩大其影响，这是发展先进文化的需要，也是提高国家软实力的内在要求。雷锋坚守心中的信仰，坚持共产主义信念和全心全意为人民服务的理想，无怨无悔，持之以恒。雷锋为人民而活着，为人民而奋斗，为人民而献身。雷锋精神是生动具体的，也是广泛深刻的，不因岁月尘封而失色，不因时代变迁而黯然，不因地域差异而淡化，具有巨大的历史震撼力和时空穿透力，在历史发展进程中始终屹立在人民心中，始终迸发着真理的力量，始终焕发着夺目光彩。雷锋是站在时代前列的楷模，雷锋精神既是中华优秀传统文化和红色文化孕育的硕果，也是共产主义道德培育的结晶。当前，我们发扬传承雷锋精神，致敬英模，铭记历史，以延续中华民族的精神血脉，从历史财富中寻找源头，从社会进步中汲取力量，从一代一代的奋斗中获得启示。雷锋所具有的信念的能量、大爱的胸怀、忘我的精神、进取的锐气，正是我们民族精神的最好写照。为实现“两个一百年”奋斗目标，我们应充分发挥各方面英模人物的榜样作用，大力激发社会正能量，为实现中国梦提供强大精神动力。新时代，在推进中国式现代化、全面建设社会主义现代化国家的伟大征程中，雷锋精神焕发出更加灿烂的光彩，培育出众多“时代楷模”“道德模范”。今天，我们对雷锋最好的纪念，就是把雷锋精神外化为加快社会经济发展的不懈动力、转化为推进中国式现代化的具体措施、细化为又好又快发展的实际行动。

---

① 雷锋．雷锋日记[M]．北京:解放军文艺出版社，1963:76.

二、中国共产党人在推进中国式现代化进程中如何弘扬雷锋精神

雷锋精神就像一面旗帜，激励中国共产党人不论走多远，都要不忘初心、牢记使命。习近平总书记强调，雷锋是时代的楷模，雷锋精神是永恒的。实现中华民族伟大复兴，需要更多时代楷模。我们既要学习雷锋的精神，也要学习雷锋的做法，把崇高理想信念和道德品质追求转化为具体行动，体现在平凡的工作生活中，作出自己应有的贡献，把雷锋精神代代传承下去。唯有不忘初心，方可告慰历史、告慰先辈，方可赢得民心、赢得时代，方可善作善成、一往无前。

（一）甘愿吃苦不计名利

习近平指出："积小善为大善，善莫大焉，这和我们党'为人民服务''做人民勤务员'是一脉相承的。我们要见贤思齐，把雷锋精神代代传承下去。"雷锋真正做到了把为人民服务当作本职使命，忠心耿耿，矢志不渝。这种无私奉献的精神正是他一生的真实写照，他把自己一颗火热的心献给了社会主义建设事业，献给了党的事业。新时代，学习雷锋精神，就要始终保持共产党员的为民情怀，勤做为民之事，强化共产党人的使命担当。

（二）始终保持奋斗干劲

艰苦奋斗是中华民族的光荣传统，是我们党的立党之本、取胜之道、传家之宝，也是雷锋精神的精髓。雷锋出身贫苦，在旧社会，他的哥哥和弟弟都因贫苦、饥饿、疾病早早离世，雷锋辗转徘徊于死亡线上侥幸活下来。雷锋珍惜新社会，总是以苦为乐，在艰苦的环境条件下磨砺自己的意志、发愤图强。《雷锋日记》中有一段话："现在，我们国家处在困难时期。我们是国家的主人，应该处处为国家着想，事事要精打细算，不能今朝有酒今朝醉，明日愁来明日忧。我们要奋发图强，自力更生，克服当前存在的暂时困难，坚决反对大吃大喝，力戒浪费。"①雷锋从不乱花钱，在部队每月发六元钱津贴，他

① 雷锋.雷锋日记[M].北京:解放军文艺出版社,1963:163.

只留下五角钱零用,其余都存入储蓄所。他穿的袜子补丁摞补丁,连袜底都看不出原来的颜色了,仍然舍不得扔。雷锋在日记中写道:“在工作上,要向积极性最高的同志看齐;在生活上,要向水平最低的同志看齐。”[①]新时代,学习雷锋精神,就要像雷锋那样,保持不畏困难、坚忍不拔、奋发有为的精神状态,为推进党和人民的事业努力奋斗。

(三)保持忠于职守的敬业精神

雷锋甘于平凡,服从革命的需要和组织的安排。无论在哪个岗位上,雷锋始终爱岗敬业。雷锋精神体现在他的实干上。雷锋虽然文化程度不高,但他是勇于探索的创造者,他总是把实现崇高的理想落实到本职岗位上。立足本职、忠于职守,做一颗永不生锈的螺丝钉,在平凡的岗位上做出不平凡的成绩;干一行、爱一行、钻一行、通一行;勤勉、敬业、精益求精,发挥好螺丝钉的作用,这是雷锋对待职业的基本观念和职业操守。雷锋充满干事业的激情和动力,在平凡的工作岗位上做出不平凡的业绩。新时代,学习雷锋精神,就要像雷锋那样,立足本职,忠于职守,勇挑时代重担。

三、雷锋精神时代内涵与中国共产党人使命担当的内在关系

习近平总书记指出:“雷锋精神是永恒的,是社会主义核心价值观的生动体现。”雷锋精神的时代内涵与中国共产党人的使命担当具有内在一致性。

(一)雷锋精神体现了中国共产党全心全意为人民服务的宗旨

雷锋精神的核心内涵和实质是全心全意为人民服务。雷锋精神着重体现在热心公益、乐于助人、扶贫济困、见义勇为、善待他人、奉献社会等一系列思想或行动上。雷锋不管走到哪里,都把为人民服务的思想和行为带到哪里。雷锋平时省吃俭用,但为了帮助战友和支援灾区人民,他却慷慨解囊。雷锋把自己有限的生命无私地奉献给了党,奉献给了祖国和人民。奉

---

① 雷锋.雷锋日记[M].北京:解放军文艺出版社,1963:159.

献，是一种真诚自愿的付出，是一种无私高尚的人生境界。人总是要有一点精神的，无私奉献的精神在任何时代都能绽放光芒，永远是激励民众奋发向上的巨大力量。在雷锋精神的 影响下，一批又一批模范人物全心全意、为了党和人民的事业无私奉献。

（二）雷锋精神体现了中国共产党人对国家和社会的大爱情怀

雷锋精神体现了一种对国家和社会的大爱情怀。“雷锋出差一千里，好事做了一火车”，雷锋随时随地奉献爱心，他心里装着别人，唯独没有他自己。雷锋的战友乔安山说：“雷锋精神是什么？我认为就是大爱，爱所有的人，无私奉献，不计个人利益。雷锋精神之所以伟大，区别常人，就在于一直做好事，平凡的小事做多了，也就成了大事。”雷锋始终保持对祖国、对人民的赤子之心。这种大爱和真情发自内心、表现在外，正如雷锋所说“对待同志像春天般温暖”。雷锋总是以奉献为快乐，以爱国家、爱人民为崇高的追求，这正是雷锋全心全意为人民服务的最为深厚的内在动力。雷锋有崇高的理想信念，他在日记中这样写道：“如果你是一缕阳光，你是否照亮了一片黑暗？如果你是一滴水，你是否滋润了一寸土地？如果你是一粒粮食，你是否哺育了有用的生命？如果你是一颗最小的‘螺丝钉’，你是否永远地坚守岗位？”[①]雷锋坚信：“一滴水只有放进大海里才永远不会干涸，一个人只有当他把自己和集体事业融合在一起的时候才能最有力量。”[②]

（三）雷锋精神体现了中国共产党人严于律己的品格

雷锋是严于律己的典范。严于律己就是用积极的行动理性地、智慧地、主动地管理自己，克制私欲，服从公共利益，战胜自己的弱点，不纵容，不给自己找借口。1960年8月，驻地抚顺发洪水，运输连接到了抗洪抢险命令，雷锋忍着参加救火被烧伤的手的疼痛又和战友们在上寺水库大坝连续奋战

① 雷锋．雷锋日记[M].北京:解放军文艺出版社，1963:88.
② 雷锋．雷锋日记[M].北京:解放军文艺出版社，1963:67.

了七天七夜。严于律己在今天主要体现为遵纪守法,克制私欲。在中国特色社会主义新时代,共产党员应以雷锋为榜样,积极担当作为,扎实做好本职工作,推进国家各项事业的发展。

在推进中国式现代化的进程中,中国共产党人要见贤思齐,党员干部要把雷锋精神作为一面镜子来好好照一照自己,为实现"两个一百年"奋斗目标和中华民族伟大复兴的中国梦凝聚强大的精神力量。

论墨家思想同雷锋精神的内在契合

吉振峰*

习近平总书记强调："雷锋是一个时代的楷模，雷锋精神是永恒的。它是五千年优秀中华文化与红色革命文化的结合。"①习近平总书记指出了雷锋精神与中华优秀传统文化之间的密切联系。推动学雷锋活动融入人们的日常生活，应从中华优秀传统文化中探寻精神源头，为雷锋精神的传承与弘扬涵养文化底蕴。相关研究多是立足于儒学视角对雷锋精神进行观照与阐发，而对中华优秀传统文化中的其他学派鲜有提及。墨家思想同共产主义在平民价值立场、实践取向、科学精神等方面的相似相通，对马克思主义在中国的传播与扎根发挥了重要作用。②同时，墨家思想"兼爱""利民""尚力""节用"等方面的主张同雷锋精神存在一致性。本文以墨学视角探寻雷锋精神内蕴的中华优秀传统文化基因，通过论证二者在内涵上的高度契合，为相关研究提供新的视角与思路。

一、以人为本："为民兴利"与"服务人民"价值吻合

任何理论思想皆是一定社会存在的反映，都展现出一定的价值取向与

---

* 作者系湖南大学马克思主义学院博士研究生。

基金项目：国家社会科学基金后期资助项目"中国共产党百年体育思想与实践研究"(21FTYB017)；教育部后期资助重大项目"中国式现代化进程中大学体育课程思政理与路"(23JHQ020)。

① 王亮，吴迪诗. 雷锋的故事[M]. 北京：民主与建设出版社，2021:132.

② 郑林华. 墨家思想与马克思主义中国化引论[M]. 北京：中共党史出版社，2014:66-67.

立场。旨在“为万民兴利除害”的墨家思想与为广大无产阶级和劳动人民谋福祉的马克思主义在价值层面是高度吻合的。雷锋精神中“为人民服务”这一核心主题,构成了墨家思想与雷锋精神对话比较的内在前提。

墨家思想与雷锋精神皆以维护人民的权益作为衡量是非曲直的尺度准绳,并以此为身体力行的践履法则。首先,二者都以有利于人民为行为的出发点和落脚点,以为广大人民增利为最高德行。墨子认为,凡是言论学说,必须有评价其利害的标准,其中尤为重要的一条就是“观其中国家百姓人民之利”(《墨子·非命上》)。因此,墨家将“遵道利民”之德视为天下君子的“仁义之本”,以此为行为举止的评判依据。“仁之事者,必务求兴天下之利,除天下之害,将以为法乎天下。利人乎,即为;不利人乎,即止。”(《墨子·非乐上》)雷锋在日记中写道:“事事大公无私,处处从党和人民的利益出发,全心全意为人民服务。”[①]雷锋将利于人民作为毕生至高追求:“我活着只有一个目的,就是做一个对人民有用的人。生为人民生,死为人民死。”[②]

墨家思想与雷锋精神都注重道德践履,强调将以人民利益为最高标准的价值取向付诸实践,并以实际成效是否有益于广大人民作为最终判定标准。墨家主张“以身戴行”,视损害人民利益为不义,“今至大为不义,攻国”《墨子·非攻上》,因此提出“非攻”。墨子曾长途奔波十个昼夜,劝阻楚王攻宋,使得楚宋两国百姓免受战火之苦。从申请参加整治沩水工程到团山湖农场的开垦工作,从自愿调到鞍钢弓长岭矿山焦化厂到报名参军,雷锋总是将国家和人民的利益作为第一选择而从未考虑个人得失,他以实际行动践行了“把有限的生命,投入到无限的为人民服务之中去”的誓言[③]。

无论是墨子,还是雷锋,都是为人民利益而鞠躬尽瘁的道德模范,他们所追求的只有天下的公利而无半点私欲,这种公而忘私、大公无私的精神不仅体现了彻底的人民价值立场,同时因将他人利益置于自身利益之上而展现出极致的利他奉献精神。

---

① 雷锋.雷锋全集[M].北京:华文出版社,2012:42.

② 雷锋.雷锋全集[M].北京:华文出版社,2012:69.

③ 雷锋.雷锋全集[M].北京:华文出版社,2012:39.

二、利他奉献："兼相爱，交相利"与"乐于助人"一脉相承

人民价值立场与利他奉献精神是相互贯通的。为人民争取利益的过程就是利他，利他而不求回报则是奉献。"兼相爱，交相利"与"服务人民、乐于助人"一脉相承。

墨家思想与雷锋精神利他的逻辑基础都在于坚持集体主义，主张自身内在于集体之中，以集体主义超越个人主义。墨家强调"兼爱"，即无等级序列亲疏远近差别的爱，且将抽象的"爱"落实于具体的"利"之上，强调爱人必予之以利，所谓"兼相爱，交相利"，又以"义，利也"（《墨子·非攻上》）而实现义与利之间的统一，破除了义利之分、他我之别，为构建"兼爱"共同体疏通了理路。以此为前提，方可做到"视人之国若视其国，视人之家若视其家，视人之身若视其身"（《墨子·兼爱中》），他我若无所异，利他便像利己一样成为本能，并最终也将利己，因为"己在所爱之中"（《墨子·大取》）。雷锋也将个人与集体的关系精妙地比喻为水滴和大海，他认为："一滴水只有放进大海里才能永远不干，一个人只有当他把自己和集体事业融合一起的时候才能有力量。"①雷锋坚定地反对个人主义，时刻都将集体利益放在第一位，认为个人的力量和荣誉都是从集体中来的，"只有集体利益富裕了，个人利益才能得到满足"②。

墨家思想与雷锋精神中的利他，将高尚的奉献精神体现得淋漓尽致。墨家推崇"损己而益所为"的任士，颇有路见不平拔刀相助的侠义精神。例如，在止楚攻宋的事件中，墨子并未得到宋国的请求，而是全然出于自身道义，以致在返程路过宋国城门避雨时竟被拒之门外。雷锋则以利他作为获取幸福、实现价值的重要方式。雷锋认为，一个真正的共产主义革命战士，"要能够为党的利益，为集体的利益不惜牺牲自己的利益"③。至于优渥的物质条件、个人的名誉奖励等，雷锋并不在意也无暇顾及。用他的话来讲："为

---

① 雷锋．雷锋全集[M].北京:华文出版社，2012:4.
② 雷锋．雷锋全集[M].北京:华文出版社，2012:4.
③ 雷锋．雷锋全集[M].北京:华文出版社，2012:8.

了党和人民的事业，我总想多贡献一点力量，那些个人的军衔级别，我真没时间考虑。”①

墨家思想的“兼相爱，交相利”与雷锋精神中的“服务人民、乐于助人”都是利他奉献精神的生动诠释，二者对于培育和践行社会主义核心价值观、塑造互爱互助互信的文明新风尚、涵养中国精神力量具有极强的现实意义。

三、自强不息：“尚力非命”与“力争上游”本质相通

自强不息是中华民族精神的重要内涵，是中华文明从未断绝且历久弥新的重要源泉。这一鲜明的精神标识既体现为墨家思想“尚力非命”对于“天命”枷锁的打破，也体现在雷锋不懈奋斗、力争上游的革命精神之中。

唯有破除所谓的“命定论”，方可获得精神独立。墨子对儒家“死生有命，富贵在天”(《论语·颜渊》)的天命说予以强烈批驳，指出如若人们相信天命、听天由命，则会不思进取，意志消沉，严重危害人们的生产生活，“今用执有命者之言，则上不听治，下不从事。上不听治，则刑政乱；下不从事，则财用不足。”(《墨子·非命上》)墨子揭示天命论的实质就是为统治者提供不行仁政而愚弄百姓的借口，并旗帜鲜明提出“非命”论，上至古代圣贤君王流芳百世，下至贩夫走卒饱食暖衣，成事在于人力而非天命，若有人力所不能为者，那也缘于人力不足而非命当如此②。雷锋便是主动把握自身命运的楷模，作为旧社会出生的一个穷苦孤儿，他在党的培养教育下不断改造主观世界，逐渐成长为有知识、有技能、有觉悟的共产主义革命战士。他认为，共产党员应当以理论指导行动，以主动精神书写自己的历史。“每个人每时每刻都在写自己的历史……每个共产党员和共青团员时时刻刻都要以马克思列宁主义、毛泽东思想来作你自己的思想行动的指导，真正做到言行一致。”③ 作为马克思主义者，要牢固树立唯物主义世界观，充分发挥主观能动性，改造主观世界与客观世界。中国之所以能迎来从站起来到富起来到强

① 雷锋．雷锋全集[M].北京:华文出版社，2012:28.

② 朱传棨．墨家思想研究论稿[M]. 北京:人民出版社，2020:68.

③ 雷锋．雷锋全集[M].北京:华文出版社，2012:8.

起来的伟大飞跃，正是中国共产党带领全国各族人民自力更生、艰苦奋斗的结果。

墨家思想倡导“尚力非命”，墨子及其弟子门人是这一主张的切身实践者。“摩顶放踵利天下，为之”（《孟子·尽心上》），“备世之急”而“枯槁不舍”（《庄子·天下》），“墨突不黔”（《答宾戏》）等都反映出人们对墨家救世情怀与能动精神的肯定。雷锋也将主观能动性发挥到无以复加的程度，表现出无所畏惧、迎难而上。在雷锋的信念中，困难都不过是“纸老虎”而已。雷锋有战胜困难的坚定信心，是因为他明白，在困难面前有党的坚强领导，而在其身后有人民群众的强大支撑，有了团结一致的伟大集体，则无往而不胜[①]。

当今，世界局势加剧动荡，强国复兴伟大征程面临重大考验，传承墨家思想与雷锋精神有助于全国人民发扬斗争精神，敢于斗争、善于斗争。

四、敬业创新：“明法求故”与“热爱专精”异曲同工

自强不息不仅体现为面对“天命”与困难时的果敢顽强，还体现为面对未知领域与新生事物时的勇于探索、满腔热忱。1929年6月，毛泽东首次使用“实事求是”这一概念，指出科学的态度就是“实事求是”。随后，中国共产党人将这一马克思主义的最基本原理运用于中国实践，取得了巨大成就。墨家思想中的“明法求故”可谓中国古人究天地之变的完美诠释，而以干一行爱一行、专一行精一行的敬业精神以及锐意进取、自强不息的创新精神为重要内涵的雷锋精神则是中国共产党人以及亿万劳动者爱岗敬业、勇于创新的集中体现。

墨家思想与雷锋精神中的敬业创新，从根本上源于对为民谋利这一价值立场的贯彻与坚守。中国历史上最负盛名的能工巧匠当属鲁班。有一次，鲁班因其制作的竹木喜鹊精巧至极而无比满意，但墨子却认为该工艺无益于生产劳作，并提出了“利人为巧”的观点：“故所为功，利于人谓之巧，不利于人谓之拙。”（《墨子·鲁问》）由此可见，墨家对技艺优劣的评判标准不以是否精巧而论，而是看其是否有利于提升劳动生产效率，以是否有利于民作

① 雷锋．雷锋全集[M].北京:华文出版社，2012:161.

为第一要义，这既遵循了其“兼相爱，交相利”的宗旨，也达成了科学精神与人文精神之间的统一。[①] 雷锋同样如此，他深刻地认识到，要为人民服务，不仅要有好的思想，还要有高超的技术。雷锋刻苦钻研拖拉机、推土机、汽车等驾驶技术，都是为了通过苦干、实干、巧干，更好地完成生产任务。雷锋同志在日记里写道：“从内心往外说，我时刻都想多学点本领，更好地为人民服务。我时刻牢记着马克思的教导：不学无术在任何时候，对任何人，都无所帮助，也不会带来利益。今天，我为了人民的利益、阶级的利益、革命的利益，多学点本领就更为必要了。我所以要虚心学习，刻苦钻研，学到真本领，就是为此目的。”[②]

敬业与创新，上升到哲学层面，实质上是守正与创新之间的关系。根据马克思主义基本原理，守正与创新辩证统一。守正即对真理、规律、正道的坚守，此为创新的前提与基础；创新则是对新事物、新格局、新境界的创造，此为守正的目的和动力[③]。墨家注重明其法、求其故。所谓“法”，就是可以遵从的规则，“法，所若而然也”（《墨子·经上》）。“故”则是指事物变化的缘由，“故，所得而后成也”（《墨子·经上》）。如此，“法”和“故”对应事物的规律与原理，而“明法求故”也就与“守正”所提倡的求索真理的精神如出一辙。墨家对世间万物规则的探寻不仅促进了生产技艺的创新，更是发现了涵盖物理学、光学、天文学等众多领域的科学原理。为纪念墨子在光学研究方面的突出贡献，激发我国的科研自信与文化自信，世界首颗量子科学实验卫星命名为“墨子号”。雷锋也以精益求精的态度和钻研创新的精神为行事准则。雷锋认为，在学习上要提倡钉子的“挤劲”和“钻劲”，体现出严谨务实、努力钻研的敬业创新精神。

敬业创新，以实事求是、求真务实的科学精神为基础，以不拘一格、敢为人先的创新精神为精髓，其内核与工匠精神高度一致。弘扬工匠精神，势必要将墨家思想与雷锋精神的精华融入其中。

---

① 朱传棨.墨家思想研究论稿[M].北京:人民出版社，2020:26.

② 雷锋.雷锋全集[M].北京:华文出版社，2012:161.

③ 徐艳玲.牢牢把握“坚持守正创新”的思想真谛[N].人民日报，2023-08-30(09).

五、艰苦奋斗:“强本节用”与“勤俭节约”相互呼应

勤劳节俭是中华民族的传统美德,是中华民族挺立于世界民族之林的重要支撑。“业精于勤”“勤能补拙”“天道酬勤”与“俭以养德”“俭以养廉”等一同构成了勤俭文化,其中,主张“强本节用”的墨家思想无疑是该传统文化的重要源头。中国共产党作为中华优秀传统文化的继承者与发展者,锻造了艰苦奋斗的光荣传统,并孕育出以勤俭节约为重要表征的雷锋精神。就此而言,墨家思想与雷锋精神之间存在着相似性,这是历史的传承,也是传统的新生。

墨家与雷锋都重视劳动生产,崇尚勤劳节俭而反对骄奢淫逸。“非乐”是墨家十大主张之一,墨子之所以提倡“非乐”,并非不赞成平民百姓愉悦身心,而是出于对劳动人民“饥者不得食,寒者不得衣,劳者不得息”的人道主义关怀,反对贵族阶级沉溺于声色犬马的享乐。“非乐”一方面指向崇俭戒奢,另一方面则指向强力从事。墨子认为,人与飞禽走兽的根本区别就在于人必须自食其力。“今人与此异者也,赖其力者生,不赖其力者不生。君子不强听治,即刑政乱;贱人不强从事,即财用不足。”(《墨子·非乐上》)墨子的尚力思想同马克思主义高度契合,毛泽东就曾指出,马克思主义千条万条,中心的一条就是不劳动者不得食。[1]由于时代不同,生产劳动对于先秦人民而言是维持生计的必然之举,而在马克思构想的共产主义社会中,生产劳动则化为通向人的自由发展的必由之路。马克思在《资本论》中指出:“未来教育对所有已满一定年龄的儿童来说,就是生产劳动同智育和体育相结合,它不仅是提高社会生产的一种方法,而且是造就全面发展的人的唯一方法。”雷锋将劳动视为最光荣的事,将青春与热血全都投入到建设社会主义的忘我劳动中,他曾发出灵魂拷问:“你既然活着,你又是否为未来的人类的生活付出你的劳动,使世界一天天变得更美丽?”[2]

墨家思想与雷锋精神都主张勤俭,这并非否认人作为鲜活的生命体的

① 郑林华.中共早期领导人对墨家思想的继承和弘扬[J].党史博览,2018(01):4-9.
② 雷锋.雷锋全集[M].北京:华文出版社,2012:2.

合理需求，而是反对以小部分人不合理的欲望挤压其他人的基本生存需求。一定意义上而言，二者尚俭的本质是为了利人。墨子曰："凡其为此物也，无不加用而为者，是故用财不费，民德不劳，其兴利多矣。"（《墨子·节用上》）墨子明确强调，物的使用是为了满足需求，减少无用之物的制造与使用，就能很大程度避免劳民伤财，有利于民，这实际上与其"利人为巧"的观点是相互呼应的。"俭"的核心在于"节己不节人"，节制的对象如果同时指向自己与他人，就成为吝啬，而只对自己节制，反而对他人尤其是需要救助的人慷慨，才是一种美德。雷锋很好地诠释了"节己厚人"这一俭约之德。雷锋在自身的吃穿用度上节俭至极，即使是衣物鞋履有所破损也要修补之后继续使用，但是当他把入伍半年来省吃俭用存下的200元钱用于支援人民公社和辽阳灾区时，他却没有半点迟疑。雷锋将中国共产党艰苦朴素、勤俭节约的优良传统践行在生活中，通过点滴积累，聚少成多，支援国家建设。雷锋的艰苦奋斗与勤俭节约，不是为自身利益，而是始终出于国家大义，始终胸怀"国之大者"。

利他爱人，是墨家思想与雷锋精神共同的出发点，同样也是二者共同的落脚点，其中包含的自强不息、敬业创新、艰苦奋斗等美好品质都是以为民兴利为始，以利国利民为终。"必须坚持人民至上"是习近平新时代中国特色社会主义思想世界观和方法论的重要内容之一。理论的开拓创新与实践的深入推进都需要全体党员干部将人民的所思所忧所急所盼时刻放在心上。践行全心全意为人民服务的根本宗旨和以人民为中心的发展理念对中国共产党人的党性修养与道德品质提出了极高的要求，弘扬墨家思想与雷锋精神，有利于全党全国全社会向上向善，努力建设中华民族现代文明。

让雷锋精神在新时代绽放更加璀璨的光芒

张仲国*

2023年2月,习近平总书记对深入开展学雷锋活动作出重要指示强调,新征程上,要深刻把握雷锋精神的时代内涵,更好发挥党员、干部模范带头作用,加强志愿服务保障和支持,不断发展壮大学雷锋志愿服务队伍,让学雷锋在人民群众特别是青少年中蔚然成风,让学雷锋活动融入日常、化作经常,让雷锋精神在新时代绽放更加璀璨的光芒,为全面建设社会主义现代化国家、全面推进中华民族伟大复兴凝聚强大力量。

习近平总书记关于深入开展学雷锋活动的重要指示,深刻阐明了新时代雷锋精神的丰富内涵、时代价值、职责使命和实践要求,科学回答了推进学雷锋活动一系列方向性、全局性、战略性的重大问题。我们要深入学习领会,贯彻落实,引导激励党员、干部、群众和青少年把崇高理想信念和道德品质追求转化为具体行动,在中国式现代化的新征程上,把雷锋精神代代传承下去。

一、要深刻把握雷锋精神的时代内涵

雷锋精神是与时俱进的,随着时代的发展,一代又一代"活雷锋"传播着雷锋精神的价值理念,丰富着雷锋精神的时代内涵,彰显着雷锋精神的永恒魅力。60多年来,雷锋精神的内涵随着时代的进步而不断发展,从"憎爱分

---

* 作者系辽宁省雷锋研究会会长。

明的阶级立场，言行一致的革命精神，公而忘私的共产主义风格，奋不顾身的无产阶级斗志”，到“热爱党、热爱祖国、热爱社会主义的崇高理想和坚定信念，服务人民、助人为乐的奉献精神，干一行爱一行、专一行精一行的敬业精神，锐意进取、自强不息的创新精神，艰苦奋斗、勤俭节约的创业精神”。2013年3月6日，习近平总书记参加十二届全国人大一次会议辽宁代表团审议时强调，雷锋、郭明义、罗阳身上所具有的信念的能量、大爱的胸怀、忘我的精神、进取的锐气，正是我们民族精神的最好写照，他们都是我们“民族的脊梁”。这深刻阐明了新时代雷锋精神的核心内涵是“信念的能量、大爱的胸怀、忘我的精神、进取的锐气”。

深刻把握雷锋精神的时代内涵，就要加强对雷锋精神的时代性解读，将雷锋精神融入时代脉搏。只有用发展的眼光来看待雷锋精神，才能真正探到雷锋精神深厚而丰富的底蕴；只有用发展的思维来对待雷锋精神，才能真正理解雷锋精神常学常新的韵味；只有用发展的观念来解析雷锋精神，才能真正将雷锋精神与新时代公民道德建设有机结合起来，使学习、弘扬、传播和践行雷锋精神成为公民道德建设的一种自觉。

二、更好发挥党员、干部模范带头作用

更好发挥党员、干部的模范带头作用，是习近平总书记对新时代新征程党员、干部学雷锋提出的新要求。党员、干部的思想道德素质对普通群众和整个社会具有重要影响。党员、干部要成为学雷锋的带头人。一是广大党员、干部要在雷锋精神的学习弘扬中汲取信仰的力量，坚定理想信念，成为学雷锋的积极倡导者，增强责任感和使命感，旗帜鲜明地倡导学雷锋活动，理直气壮地传播雷锋精神，大张旗鼓地宣传学雷锋先进典型，在深入持久、潜移默化中感染大众、影响社会，努力营造“雷锋精神，人人可学；奉献爱心，处处可为”的浓厚氛围。二是广大党员、干部要在雷锋精神的学习弘扬中汲取为民的力量，成为学雷锋的先行示范者，在学雷锋活动中自觉做到“学在先、做在前，干得好、行得正”，努力成为无私奉献的表率、爱岗敬业的标兵、开拓创新的典范、艰苦创业的楷模，让广大群众从党员、干部身上感受正气，

汲取力量。三是广大党员、干部要在雷锋精神的学习弘扬中汲取奋斗的力量，锤炼过硬作风，成为学雷锋的有力推动者。各级党组织和广大党员、干部应以高度负责的精神，采取切实有力的举措，把学雷锋活动不断推向深入，要积极创新内容和方式，大力推动雷锋精神进党课、进社区、进农村、进企业、进校园、进军营，不断提高学雷锋活动的覆盖面和影响力，讲好新时代雷锋故事。

三、加强志愿服务保障和支持

加强志愿服务保障和支持，是习近平总书记对新时代新征程学雷锋的新部署。习近平总书记在党的二十大报告中强调，要完善志愿服务制度和工作体系。各地都应进一步健全志愿服务工作的管理机制，保障志愿服务相关主体的权益，规范志愿服务活动，完善志愿服务保障和激励机制，推动志愿服务发展。

加强志愿服务保障和支持，就要不断完善学雷锋志愿服务的工作格局。一是要加强对学雷锋志愿服务的政治引导和规范管理，理顺工作体制机制，发挥社会组织中党组织的政治功能，确保方向正确、引领有力。二是要建立志愿服务保障机制，完善配套制度和相关政策法规，推动形成有利于学雷锋志愿服务发展的良好环境。三是要让弘扬雷锋精神在引领时代风尚中发挥更大作用，让雷锋这个光辉的名字和他崇高的精神品格，在历史发展中始终焕发着耀眼夺目的光彩，汇聚起人间大爱的长河。

四、不断发展壮大学雷锋志愿服务队伍

不断发展壮大学雷锋志愿服务队伍，是习近平总书记对新时代新征程学雷锋吹响的新号角。我国的志愿服务是学雷锋志愿服务。学雷锋志愿服务是党和国家事业的重要组成部分，是社会主义现代化建设的重要力量，是社会文明进步的重要标志，是加强思想道德建设的重要载体。

不断发展壮大学雷锋志愿服务队伍，就要不断创新形式和载体。一是要大力推进制度化建设，全面提升学雷锋志愿服务的发展力，要不断完善志

愿服务制度、不断丰富志愿服务活动、不断壮大志愿服务事业，让学雷锋志愿服务“动”起来。二是要大力推进社会化建设，全面提升学雷锋志愿服务的服务力，使学雷锋志愿服务体系更加完善，促进志愿服务实现新的更大的飞跃。三是要大力推进体系化建设，全面提升学雷锋志愿服务的组织力，要明确志愿服务与市场服务及基本公共服务等其他社会服务的关系，以使得社会各服务系统有机融合，共建着眼于公共利益的现代社会服务生态体系，推进国家治理体系和治理能力现代化建设。

五、让学雷锋在人民群众特别是青少年中蔚然成风

让学雷锋在人民群众特别是青少年中蔚然成风，是习近平总书记对新时代新征程学雷锋提出的新任务。

要让人民群众成为学雷锋的主力军。人民群众要积极响应习近平总书记和党中央的号召，深刻把握雷锋精神的时代内涵和实践要求。要学习雷锋热爱党、热爱祖国、热爱社会主义的崇高理想和坚定信念，踏踏实实做事，践行对党忠诚；要学习雷锋服务人民、乐于助人的奉献精神，始终牢记“我是谁、为了谁、依靠谁”，践行以人民为中心的发展思想，大力推动高质量发展，扎实推进共同富裕；要学习雷锋干一行爱一行、专一行精一行的敬业精神，扎扎实实干好自己应该干的事情，努力在平凡的岗位上创造不平凡的业绩，做一颗永不生锈的螺丝钉；要学习雷锋锐意进取、自强不息的创新精神，大胆探索、敢为人先，不断开辟发展新领域、新赛道，塑造发展新动能、新优势；要学习雷锋艰苦奋斗、勤俭节约的创业精神，撸起袖子加油干，风雨无阻向前行，依靠奋斗赢得工作主动权，打开事业发展新天地。

要让青少年成为学雷锋的生力军。一是要在“知”上下实功，教育引导青少年全面系统感知雷锋精神。要根据各学段学生的身心特点，以及育人规律和学生成长规律，将蕴含雷锋精神的雷锋故事、雷锋日记融入教材。将雷锋精神融入“大思政”体系课程教学内容设计中，实现雷锋精神育人的全课程覆盖，将雷锋故事、雷锋事迹、雷锋日记融入专业课程教学，强化专业课程的育人功能，确保广大青少年对雷锋的日记、事迹、故事和对雷锋精神应

知尽知、深刻理解。二是要在“学”上出实招，教育引导青少年坚持不懈学习雷锋精神。要把蕴含雷锋精神的故事、事迹、日记融入校园文化，以文化感染人，充分利用与雷锋有关的时间节点，加强学雷锋活动的主题设置，组织开展“雷锋精神大家谈”“雷锋事迹在身边”等丰富多彩的活动，系统开展“雷锋学校”“雷锋班级”“雷锋青少年”建设，不断引导广大青少年从小学雷锋、长大当先锋。三是在“做”上求实效，教育引导青少年从我做起，践行雷锋精神。要根据学生实际，拓展雷锋精神教育的社会实践方式。针对大、中、小学生的实际，采取现场参观、实地调研、问卷调研及采访等调研方式，实现雷锋精神教育多样化。针对大学生，可以同大学生暑期“三下乡”社会实践相融合，引导学生到革命老区和贫困地区，利用专业知识开展服务，践行雷锋精神。

六、让学雷锋活动融入日常、化作经常

让学雷锋活动融入日常、化作经常，是习近平总书记对新时代新征程学雷锋提出的具体要求。这就要求我们把学雷锋同日常的学习工作生活紧密结合起来，做到全面学雷锋、全员学雷锋、全年学雷锋，实现“天天见、天天新、天天深”。

让学雷锋活动融入日常、化作经常，就要常学常新，丰富学雷锋活动的形式载体。一是要注重时间上的常态化。把雷锋精神代代传承下去是一项长期的战略性任务，不可能一蹴而就、立竿见影，必须常抓不懈、一以贯之。二是要注重对象上的精准化。对党员、干部，对人民群众，特别是对青少年等不同群体要采取不同形式，要有的放矢、精准施教，注重精神层面、思想层面、道德层面的教育和引领。三是要注重方式上的多样化。利用各种行之有效的方式方法、教育手段，做到线上和线下相结合、课内和课外相结合、走出去和请进来相结合、辅导讲课和行为体验相结合，通过多样化、多层次、多角度的教育形式，让雷锋精神深入人心、落地生根。四是要注重结果上的实效化。不搞集中化、形式化、运动化，要把雷锋精神学习教育寓于思想政治教育中来考量，注重整体功能、整体合力、整体效果，引导学习教育步入良性

循环、辩证互动的发展轨道。

七、让雷锋精神在新时代绽放更加璀璨的光芒

“让雷锋精神在新时代绽放更加璀璨的光芒,为全面建设社会主义现代化国家、全面推进中华民族伟大复兴凝聚强大力量”,是习近平总书记对新时代新征程学雷锋提出的目标要求。迈上新征程,我们将以中国式现代化全面推进中华民族伟大复兴。我国发展面临着新的战略机遇、新的战略任务、新的战略阶段、新的战略要求、新的战略环境,更加需要凝聚踔厉奋发、团结奋斗的精神力量。

一是在新发展阶段坚守崇高理想。坚守崇高理想是雷锋精神的核心要义。我们要不断增强“四个意识”、坚定“四个自信”、做到“两个维护”,始终坚守共产党人的精神追求,做到忠于党、忠于人民、忠于中国特色社会主义事业,在政治上时刻保持清醒坚定,在重大问题上态度旗帜鲜明,在关键时刻冲在前面。二是在新发展理念中秉持人民情怀。全心全意为人民服务是雷锋精神的实质。新发展理念是从根本宗旨、问题导向、忧患意识三个方面把握关于政治立场、价值导向、发展模式、发展道路等重大政治问题的理论体系,其核心问题是“为了谁、依靠谁、我是谁”,我们要始终坚持以人民为中心的发展思想,把人民放在心中最高位置,牢固树立为人民服务的思想。三是在新发展格局中践行奉献精神。新发展格局要贯穿于新发展阶段全过程,要实现更高质量、更有效率、更加公平、更可持续、更为安全的发展,必须践行奉献精神。我们要在行动上勇于担当,像雷锋那样自觉承担起对党、对国家、对事业的责任和使命,挺身而出、勇于攻坚,以敢闯敢拼的勇气,创造性地开展工作,以实际行动彰显共产党人的价值。四是在新的历史方位投身民族复兴。投身民族复兴是雷锋精神的时代要求。新发展阶段、新发展理念、新发展格局是中国特色社会主义的新历史方位,民族复兴是坚守崇高理想、秉持人民情怀、践行奉献精神的目标和动力,这就要求我们要赓续雷锋基因,把雷锋精神代代传承下去,在拼搏中淬炼、在奋进中升华,汇聚起为实现中华民族伟大复兴中国梦而矢志奋斗的磅礴力量。

雷锋精神生成机制的深度挖掘

——读邓建伟先生新著《雷锋精神生成机制的社会学研究》

王学荣*

一、雷锋精神的特质及时代价值

1963年3月5日,《人民日报》发表毛泽东的亲笔题词"向雷锋同志学习"。在雷锋精神的感召下,一代又一代中国人奋发向上、忘我奉献,涌现出一大批学雷锋的先进典型、道德模范和感动中国人物等,产生了广泛而深远的社会影响。雷锋精神也是第一批纳入中国共产党人精神谱系的伟大精神。随着时代的发展、社会的进步,雷锋精神的内涵不断丰富、意蕴日趋深刻,已成为一面永不褪色、永放光芒的精神旗帜,亦是社会主义核心价值观的鲜活写照与中国特色社会主义先进文化的活水源头。党的十八大以来,习近平总书记多次就学习和弘扬雷锋精神作出重要论述,强调"雷锋精神是永恒的,是社会主义核心价值观的生动体现""要做雷锋精神的种子""把雷锋精神代代传承下去""让学习雷锋精神在祖国大地蔚然成风"。雷锋精神集中体现了"求真、向善、唯美"的道德内核与真谛。"雷锋精神,人人可学;奉献爱心,处处可为。"进一步深入挖掘雷锋精神的特质及时代价值无疑具有

* 作者系中南大学马克思主义学院副教授。

基金项目:湖南省社会科学基金项目"习近平新时代中国特色社会主义的理论体系与战略体系统一性研究"(21WTC02);2016年湖南省哲学社会科学规划基金项目"治国理政新时期大统战生态机制构建研究"(16YBA237)。

重要的现实意义。

邓建伟先生于2021年出版了专著《雷锋精神生成机制的社会学研究》,洋洋洒洒20余万字,是近年来国内学术界关于雷锋精神及中国共产党人精神谱系研究的力作。著作追根溯源,事理结合,深入浅出,语言平实,通俗简明,系统而深入地研究了雷锋精神的生成机制及时代价值。作者通过大量的访谈和调研,充分挖掘相关文献资料,秉持马克思主义的立场、观点、方法,一条主线贯穿,多重向度辐射,对新时代雷锋精神的重大理论和实践问题进行了多维度的立体式呈现,有益于"让雷锋精神落地生根",亦有利于在新时代继续传承与弘扬红色革命文化。

二、研究范式新颖独到

学术界关于雷锋精神的研究已经很多了,从现有的研究成果来看,以往学界关于雷锋精神的研究往往聚焦于伦理学和思想政治教育相关领域。邓建伟先生充分发挥自己的研究专长,另辟蹊径,从社会学的研究范式来深入探讨雷锋精神的生成机制,并在此基础上深度挖掘其时代精华与价值意蕴,从而使这一研究的学理性大大增强。

《雷锋精神生成机制的社会学研究》以雷锋精神的生成机制为研究对象,综合运用多种社会学方法,紧紧把握雷锋精神生成机制的若干核心要素和关键环节,牢牢抓住雷锋在青少年时期的人格形塑、雷锋在新中国成立前后所经历的诸多历史事件、雷锋参军以后的成长发展、雷锋在20世纪50年代中后期至60年代初发展的诸多细节,深入浅出地将雷锋精神的内涵实质像剥洋葱一样层次分明地呈现在读者面前,透视了时代浪潮、早年经历、重要他者和同辈群体对雷锋精神的塑造机理。著作还从雷锋参加的丰富的教育实践活动对其社会性发展的显著影响、雷锋在职业成长历程中的职业规划能力、雷锋的中国梦、雷锋乐观向上的生活观等六个版块对雷锋精神进行了细致入微的剖析与论证,再现了雷锋人格、情操和思想逐步完善的历程,对社会学的生命历程理论进行了创造性的运用与重构。根据社会学理论,社会化过程贯穿人的整个生命历程,对生命历程的分析实际上就是对社会化过程的分析，因此，生命历程理论的分析范式是可以移用于社会化过程的。①生命历程理论的基本分析范式，是将个体的生命历程理解为一个由多个生命事件构成的序列。②邓建伟先生正是十分娴熟地运用了社会学的生命历程理论的分析范式来研究雷锋的鲜活经历及其社会化过程，从而让雷锋的生命历程生动而立体地呈现在读者面前，给人留下极其深刻的印象。

三、研究视角匠心独运

鲜花固然不能生长在岩石上，中华大地之所以能够孕育出雷锋精神，绝不是偶然的，而是有其深刻的社会历史根源及文化逻辑。雷锋是湖南望城人，雷锋短暂却伟大的一生，绝大部分时间是在家乡度过的。望城文化底蕴十分深厚，是湖湘文化的重要组成部分。邓建伟先生深谙湖湘文化底蕴与精髓，对湖湘文化的特质与价值有着独到的理解。

邓建伟先生深度挖掘雷锋精神特质与湖湘文化精髓的内在逻辑关联，并从社会学的视角深刻地揭示了雷锋精神的生成乃是湖湘地域文化与雷锋个人生命历程互涵互动的结果。邓建伟先生提出，雷锋精神是对涵括湖湘文化和红色革命文化在内的中华优秀传统文化的赓续与传承，是经历了深刻的社会转型后传承、变革与创新的巨大精神文明成果。在一定意义上，《雷锋精神生成的社会学研究》既是雷锋在湖南望城的生命历程的生动再现，亦是对望城地域文化精髓的深度诠释，具有浓郁的学术味道。

四、研究方法另辟蹊径

在研究方法上，邓建伟先生十分娴熟地运用实证研究方法，从社会调查和社会事实中获取鲜活素材，并巧妙地借鉴了口述史的研究方法，运用结构性的访谈样式采访了雷锋生前的同事、好友等，收集了大量珍贵的一手资料，抢救性地进行了口述史记录，增强了著作内容的严谨性和丰富性。

---

① 郑杭生．社会学概论新修（第三版）[M].北京:中国人民大学出版社，2002:96.

② 李强，邓建伟，晓筝．社会变迁与个人发展:生命历程研究的范式与方法[J].社会学研究，1999(6):1-18.

值得一提的是，邓建伟先生在进入高校任教之前曾经在机关工作近二十载，积累了丰富而宝贵的实践经验，与厚实的理论积淀粘连在一起，充分碰撞、有机融合，从而发生奇妙的“化学反应”，才有了这部颇具新意的佳作问世。《雷锋精神生成的社会学研究》的字里行间渗透着作者在探索中的深入思考，亦体现出作者的情怀与心灵的感应。可见，作者确实是带着真心、带着情感、带着社会责任感来进行研究的[①]。正因为如此，读者在阅读这部著作时往往容易产生情感认同，形成一种发自心底的震撼与共鸣。

① 李强.雷锋生命历程的社会学探索[N].光明日报，2021-04-19(15).

雷锋精神与党性教育融合路径探索

刘　川*

雷锋精神的核心是无私奉献、全心全意为人民服务，与党性教育的目标高度契合，将雷锋精神融入党性教育，不仅能够深化党员干部的思想认识，还能够有效应对当前党性教育中存在的形式化、实效性不足等问题。党性教育不仅是党员干部锤炼政治品格的重要途径，更是党在新的历史时期凝聚力量、推动事业发展的关键环节。当前，党性教育在实践中仍存在一些问题，如部分党员干部对党性教育的思想认识不足、教育内容形式化、缺乏深入的实践性教育等。这些问题在一定程度上削弱了党性教育的效果，亟须通过创新路径加以解决。雷锋精神作为党性教育的重要资源，与党性教育的目标高度一致。雷锋精神所倡导的全心全意为人民服务的宗旨意识，正是党性教育要求党员干部必须具备的政治觉悟和为民情怀。将雷锋精神深度融入党性教育，能够更好地引导党员干部坚定理想信念、提升政治定力，从而更好地服务人民、服务社会。

一、雷锋精神与党性教育的内在统一性

雷锋精神与党性教育在价值追求上是高度统一的。雷锋精神是中华民族宝贵的精神财富，体现了全心全意为人民服务、无私奉献、艰苦奋斗的崇高品质，与共产党员党性修养的核心要求高度契合。党性教育强调坚定理

* 作者系西南大学马克思主义学院博士研究生。

想信念、坚持群众路线、保持清廉作风，雷锋精神正是这些党性要求的具体化和生动体现。通过学习和弘扬雷锋精神，党员干部能够在实际工作中进一步强化党性修养，提升为人民服务的能力和意识，从而更加自觉地履行党赋予的职责与使命。

新时代，党性教育被赋予了新的使命与内涵。雷锋精神的核心包括全心全意为人民服务、无私奉献、艰苦奋斗、甘于平凡等，契合了党性教育中对党员干部的基本要求。党性教育旨在培养党员的忠诚、清廉和担当，雷锋精神成为党员干部在实践中锤炼党性的宝贵精神资源。雷锋精神中的无私奉献精神与党性教育中倡导的清廉作风和艰苦奋斗理念高度契合。无私奉献不仅是雷锋精神的重要内容，也是党性修养的重要表现。雷锋精神中的“钉子”精神与党性教育中强调的坚定理想信念密切相关。“钉子”精神体现了雷锋在工作中坚韧不拔、持之以恒的态度，这与党性教育中对党员干部坚定理想信念、不畏艰难、勇往直前的要求一脉相承。新时代，党员干部面对各种挑战和考验，必须保持定力，不断锤炼自己的意志品质。

此外，雷锋精神的内在价值与党性教育的目标具有高度一致性。党性教育的目标是培养具有坚定理想信念、强烈责任感和高尚道德情操的党员干部，而雷锋正是通过具体的行为方式，展现了这一目标的实践路径。雷锋精神与党性教育共同构成了新时代党员干部思想政治教育的重要内容，促进了党员干部在复杂的社会环境中更好地坚守初心、践行使命。

二、雷锋精神对党员干部理想信念教育的启示

雷锋精神的形成和发展有着深刻的历史背景和时代意义。雷锋精神代表着中国共产党人和广大人民群众在建设社会主义事业中所展现出的崇高品质和革命精神。新时代，党员干部理想信念教育应充分汲取这一精神养分，将雷锋精神的核心要义内化为理想信念，使广大党员干部在新时代继续传承和弘扬党的优良传统。当前中国经济社会正处于深刻的转型期，社会思潮多元化、利益格局复杂化，部分党员干部在理想信念上出现动摇甚至迷失，这给党性教育带来了新的挑战。弘扬雷锋精神，能让党员干部坚定为人

民服务的宗旨，在复杂的社会环境中找到思想上的"指南针"，不仅有助于化解部分党员干部的思想困惑，还能够坚定其价值观念，增强其对党和人民的忠诚与担当。雷锋精神不仅是一种理想信念，更是一种实践路径。雷锋精神所体现的"钉子"精神与"螺丝钉"精神恰恰为党员干部提供了在平凡岗位上践行理想信念的具体指引，使理想不再是空谈，而是可操作、可落实的行动指南。新时代，学习和弘扬雷锋精神，继承革命传统，适应现实需求，并在实践中不断强化和落实自己的理想信念，不仅是对雷锋精神的最好传承，也是确保党员干部不忘初心、牢记使命的重要路径。

三、在党性教育中践行雷锋精神的必要性

随着市场经济的发展和社会环境的变化，部分党员干部在思想上出现了理想信念模糊、宗旨意识淡化等问题，甚至在面对复杂多变的社会环境时，产生了信念动摇的现象，严重影响了党员干部的党性修养和工作作风。雷锋精神所倡导的全心全意为人民服务、无私奉献的思想正是对这些困境的有效回应。在党性教育中践行雷锋精神，能够帮助党员干部坚定理想信念，从而克服思想上的迷茫。

随着社会思潮多元化、利益格局复杂化，部分党员干部在价值观上出现了偏差，过度追求个人利益而忽视了党和人民的根本利益。在党性教育中践行雷锋精神，有助于引导党员干部树立正确的人生观和价值观，从而在复杂的社会环境中保持清醒的头脑和正确的方向。

在全球化和信息化的冲击下，西方资本逐利主义、功利主义等思潮对中国社会的影响逐渐显现，部分党员干部在面对这些思潮时，缺乏足够的思想定力和辨别能力，导致信仰缺失。在党性教育中弘扬雷锋精神，能够增强党员干部的思想定力，提高其对复杂社会思潮的辨别力，进而巩固其理想信念。

传统的党性教育往往侧重于理论灌输，忽视了在实践中的具体引导，导致教育效果不尽如人意。雷锋精神是一种在日常工作和生活中可操作、可践行的具体行动指南。在党性教育中融入雷锋精神，可以增强教育的实践

性和针对性，使党员干部在具体工作中更好地践行党的宗旨和要求。

四、当前党性教育面临的问题

党性教育的核心在于增强党员干部的理想信念和宗旨意识，但在实际工作中，部分党员干部对党性教育的重要性认识不足，存在应付心理。尽管党性教育在各级党组织中已成为常态化工作，但形式主义问题依然突出。许多党性教育活动缺乏创新，教育内容重复老套，缺乏吸引力和感染力，导致党员干部参与积极性不高。当前，一些党员干部缺乏无私奉献、艰苦奋斗的精神，不仅削弱了党在人民群众中的威信，也导致党性教育无法落到实处。如何在党性教育中强化雷锋精神，成为亟须解决的现实问题。

思想上不端正，行动就不能形成自觉。思想认识不足是党性教育效果不明显的根本原因之一。思想认识不足主要表现为对党性教育的重要性和本质认识不清，导致学习和实践流于形式，未将党性教育的核心内容内化为个人信仰和行动指南，从而影响了党性教育的实际效果。一个共产党员的党性修养不会随着党龄增长而提高，也不会随着职务的晋升而提高，唯有不断深化思想觉悟和提高政治意识才能坚定理想信念。然而，思想认识不足的党员干部往往无法深入理解党性教育的内涵，仅仅停留在形式化的学习和表面化的行为规范上，未将其转化为内在的信仰和行为准则。部分党员干部缺乏对雷锋精神的深刻理解，在实践中也未能积极践行雷锋精神，使得党性教育难以落到实处，成为空洞的理论说教，进一步削弱了党性教育的实际效果。

党性教育的形式化问题是当前党员干部思想建设和党组织工作中的一个突出问题，不仅削弱了党性教育的实效性，还影响了党员干部对党性教育的认同。党性教育形式化的一个主要表现是教育内容的陈旧和方法的单一。许多党性教育沿用传统的教材和模式，缺乏创新，难以引起党员干部的兴趣和共鸣，学习过程变得枯燥乏味，导致参与度不高，效果不明显。一些党性教育过于注重形式，忽视了实效性。一些党性教育侧重于文件材料的积累、活动次数的统计，以及形式上的组织安排，而未能真正关注教育内容是否能够触及党员干部的思想核心。这种“做表面文章”的现象使得党性教育流于形式，未能在党员干部中形成深刻的思想触动和行为改变，导致党性教育在推动党员干部思想进步和工作作风改进方面的作用大幅削弱。

党性教育的考核评价机制不完善也是导致形式化问题的重要原因之一。一些党组织在开展党性教育时，缺乏科学有效的考核标准，往往将教育活动的次数和参与人数作为考核依据，而不深入评估教育的实际效果和党员干部的思想变化。这种单一的考核标准鼓励了形式化的教育方式，使得党性教育偏离了其本质目标，即提高党员干部的思想觉悟和党性修养。党性教育的形式化还表现为教育与实践的脱节。党性教育不仅是理论学习，更应通过实际行动体现其价值。然而，在实际工作中，部分党性教育过于强调理论学习，忽视了将教育内容落实到党员干部的日常工作和生活中。

五、雷锋精神与党性教育融合路径探索

雷锋精神与党性教育的目标高度契合。然而，在实际工作中，雷锋精神与党性教育的融合仍面临诸多挑战，亟须探索新的路径。

第一，设计基于雷锋精神的党性教育课程内容。为了更好地发挥党性教育的实效性，将雷锋精神融入党性教育课程内容成为一项迫切任务。这不仅是对雷锋精神的弘扬，更是对党性教育的深化和完善。传统党性教育课程多以理论学习为主，往往缺乏生动的实践案例。通过引入雷锋的生平事迹、工作作风和服务精神，可以使课程内容更加贴近实际，增强党员干部的情感共鸣和思想认同。课程设计可以围绕雷锋的具体事例，结合新时代党员干部所面临的实际问题，进行案例教学和情景模拟，使学员在学习中感悟雷锋精神的深刻内涵。雷锋精神不仅是理想信念的体现，更是务实的行动指南，它引导着千万党员一心向党，以坚定的理想信念、非凡的人格、不懈的奋斗，在平凡的岗位书写自己人生的新篇章。党性教育应强化实践，动员党员干部下沉到基层，做一颗永不生锈的螺丝钉，将有限的生命投入到无限的为人民服务之中，在苦干实干中淬炼政治担当，在平凡的岗位中绽放光彩。此外，基于雷锋精神的党性教育课程，要注重与时俱进，结合时代发展，

丰富课程形式,引入现代教育技术,采用多种多样的数字媒体手段,增强课程的吸引力和互动性。

第二,创新党性教育教学方法。雷锋精神作为中国共产党优良传统的集中体现,具备深刻的思想内涵和强大的感召力。首先,党性教育课程应注重系统化融入雷锋精神,通过专题讲座、案例分析、讨论研讨等形式,深入探讨雷锋精神的思想价值和实践意义。例如,在党性教育课程中设置“雷锋精神与新时代党员干部作风建设”专题,通过对雷锋精神进行解读,引导党员干部将雷锋的无私奉献精神内化为日常工作的动力。其次,应强化实践教学,促进雷锋精神的落地生根。应当充分利用社会实践平台,将雷锋精神的教育从课堂延伸至社会服务中。例如,组织党员干部参与志愿服务等活动,增强党员干部的党性修养。将培训内容与实际工作相结合,提升党性教育的实效性。再次,引入现代信息技术,创新党性教育的教学方式。例如,开发以雷锋精神为主题的在线课程、微视频和虚拟现实(VR)体验课程,设立雷锋精神学习交流社区,促进党员干部之间的经验分享和思想交流,进一步深化学习效果。

第三,建立常态化的雷锋精神教育机制。首先,应将雷锋精神教育纳入党员干部培训的常规课程。可以通过专题讲座、集中学习和研讨会等形式,推动雷锋精神教育的系统化和制度化。其次,应创建学习型组织,将雷锋精神融入日常工作和生活。可以通过设立雷锋精神学习小组、读书会等方式,鼓励党员干部在工作之余自发学习和讨论雷锋精神。通过常态化的学习和交流,使雷锋精神内化于心、外化于行。再次,应将雷锋精神与实际工作紧密结合。各级党组织可以根据工作性质,设计具体的实践活动,让党员干部在实践中践行雷锋精神,使雷锋精神不再停留在口号上,而是成为实际行动。最后,应加强雷锋精神的宣传。可以通过党报党刊、网络平台、社区宣传栏等,定期推送雷锋的故事和学雷锋实践案例等,营造学习和践行雷锋精神的良好氛围。此外,可以开展“学雷锋标兵”评选活动,表彰在践行雷锋精神方面表现突出的个人和集体,激励更多人主动参与到雷锋精神的学习和实践中。

第四，加强对雷锋精神与党性教育融合的研究与实践指导。首先，各级党组织和相关研究机构应设立专门的研究课题，深入探讨雷锋精神与党性教育融合的理论基础和实际应用。通过定期组织专家学者、教育工作者进行研讨和课题研究，明确如何在党性教育中系统性地融入雷锋精神。其次，党性教育必须增加实践教学，通过实践活动，党员干部不仅能感受到雷锋精神的现实意义，也能在实践中深化对党性的理解。再次，要评估雷锋精神与党性教育融合的效果，必须建立科学的评价机制。各级党组织可以通过定期考核、活动总结、问卷调查等方式，了解党员干部的学习效果，及时调整教育内容。

雷锋精神强调无私奉献、全心全意为人民服务，与党性教育的核心理念高度契合。通过将雷锋精神系统性地融入党性教育，能够引导党员干部坚定理想信念，增强服务意识，从而更好地适应新时代中国特色社会主义事业的要求。一方面，通过开展专题培训、开发教育资源、推动社会实践等方式，使雷锋精神在党性教育的各个环节中得到深入贯彻。另一方面，通过构建科学的评价机制，使雷锋精神的教育效果得以持续巩固和优化。深入研究和实践雷锋精神与党性教育的融合路径，能够更好地应对新时代党的建设和社会发展的新挑战，为实现中华民族伟大复兴的中国梦提供强有力的思想保障。

新时代高校思想政治教育中雷锋精神教育创新路径探析

雷祖军*

雷锋精神作为中国共产党人精神谱系的重要组成部分，是社会主义核心价值观的生动体现，具有独特的时代价值。随着社会的发展，雷锋精神不仅没有被历史所遗忘，反而在新时代被赋予了新的内涵和使命。雷锋精神的传播和弘扬成为凝聚社会共识、提升公民道德素质的关键要素。

一、雷锋精神在新时代高校思想政治教育中的价值

雷锋精神的核心是无私奉献与全心全意为人民服务，体现了高度的社会责任感与使命感。培养学生的奉献精神，使他们在个人成长的过程中学会关爱他人、服务社会，是高校思想政治教育的重要目标。雷锋精神中的艰苦奋斗精神与社会主义道德是紧密相连的。雷锋在极端困难的条件下依然保持积极乐观的态度，努力克服生活和工作中的各种困难。这种精神在新时代仍具有极大的教育意义，特别是在物质生活相对丰富的当下，雷锋精神能够引导学生树立正确的价值观，激发他们的拼搏精神，提升他们的思想道德素质。雷锋精神体现了爱国主义与集体主义精神，通过学习雷锋精神，学生可以更加深刻地理解个人与国家、个人与集体之间的关系，进而更好地践行雷锋精神。

* 作者系重庆外语外事学院马克思主义学院讲师。

雷锋精神在大学生价值观的形成过程中起着重要作用。通过学习雷锋精神，大学生能够更好地理解社会主义核心价值观的内涵，成为有责任感和使命感的社会成员。将雷锋精神融入思想政治教育，能够有效促进大学生对社会主义核心价值观的理解和认同，不仅能够帮助学生树立正确的思想观念，还能够引导他们在日常生活中积极践行社会主义核心价值观，形成道德认同感。

二、雷锋精神在高校思想政治教育中的教育路径创新

（一）将雷锋精神教育融入志愿服务

将雷锋精神教育融入志愿服务是高校思想政治教育的重要手段之一。雷锋精神所倡导的无私奉献和服务社会的理念，与志愿服务的宗旨高度契合。大学生参与志愿服务不仅能够提升自身的社会责任感，还能通过实践将雷锋精神内化为个人的道德准则。

为了更好地将雷锋精神教育融入志愿服务，高校需要在教育路径上进行探索和创新，可以通过课程引导、活动策划、案例分析等方式，将雷锋精神教育融入志愿服务的各个环节。通过设置专题讲座和研讨会，帮助学生深入理解雷锋精神。在志愿服务的过程中，强调雷锋精神的实践意义，使学生在服务社会的同时，自觉践行雷锋精神。

志愿服务的效果评估与反馈机制是确保雷锋精神教育有效融入志愿服务的保障。高校应建立科学的评估机制，通过问卷调查、访谈和实地考察等方式，对志愿服务的实际效果进行全面评估，了解学生在志愿服务过程中对雷锋精神的认同度和践行情况，调整和优化教育策略，确保雷锋精神教育融入志愿服务的持续性和有效性。

（二）在社会实践中践行雷锋精神

社会实践是高校培养学生综合素质的重要环节，而雷锋精神在其中扮演着重要角色。雷锋精神是社会主义核心价值观的生动体现，雷锋精神的

融入使得社会实践活动不仅具备教育意义，还能够在更广泛的社会层面传播正能量。

在社会实践中践行雷锋精神，能够增强教育效果和社会影响力。可以开展雷锋精神专题活动，如扶贫助困、环境保护等，鼓励学生以雷锋精神为指导，克服困难、积极奉献，从而使社会实践活动不仅具有实用性，还能够弘扬社会主义核心价值观。

社会实践为大学生提供了一个将课堂所学与实际生活结合的平台，在社会实践中践行雷锋精神，可以有效培养学生的道德情操。在社会实践中，雷锋精神倡导的无私奉献、艰苦奋斗等品质得以生动体现。通过参加扶贫支教、社区服务等实践活动，学生可以体验到帮助他人的满足感和责任感，从而逐渐内化为个人的道德修养。

高校在设计和实施社会实践活动时，应注重对雷锋精神的传承，并结合新时代的特点进行创新。可以在社会实践中融入现代科技手段，如利用社交媒体平台宣传雷锋精神，扩大雷锋精神的影响力。同时，可以丰富社会实践的形式和内容，使雷锋精神焕发出新的活力。

（三）雷锋精神教育与校园文化活动的结合

校园文化活动是传播和弘扬雷锋精神的重要载体。通过各种形式的校园文化活动，可以广泛宣传雷锋精神，使雷锋精神深入学生心中。高校可以组织雷锋精神主题演讲比赛、文艺演出、展览等活动，让学生在潜移默化中接受雷锋精神的熏陶。同时，可以通过校报、广播、网络平台等媒介，加大对雷锋精神的宣传力度，形成良好的校园文化氛围。高校可以围绕雷锋精神的核心内容，设计和实施一系列教育活动，如雷锋精神学习讨论会、社会实践分享会等，使学生在参与活动的过程中，加深对雷锋精神的理解和认同。

校园文化活动不仅是传播雷锋精神的重要途径，还是增强学生道德认同的重要方式。通过参与雷锋精神主题的校园文化活动，学生可以在互动中交流思想，增强对雷锋精神的情感认同，使雷锋精神真正成为学生日常行为的指导原则。

随着雷锋精神在校园文化中的深入传播，学生的互助合作、奉献精神得到加强，校园内形成积极向上的文化风气。这种长期效应不仅有助于学生个人的成长，也为学校整体教育质量的提升提供了有力支持。

（四）思政课程中雷锋精神教育的创新教学模式

雷锋精神教育应与思政课程内容深度整合与优化。在设计课程时，教师应将雷锋精神的核心理念融入课程的各个环节，通过案例教学、互动讨论等形式，使学生在实际情境中理解雷锋精神。这种整合与优化，不仅能够提高课程的实效性，还能使雷锋精神更容易为学生所接受和内化。

教师可以利用视频、音频、互动课件等多媒体工具，生动呈现雷锋的故事，让学生更直观地感受到雷锋精神的力量。此外，教师还可以利用新媒体平台，如微信公众号、慕课等，创建线上学习社区，让学生在课余时间学习和讨论雷锋精神，增强教学效果。

案例教学法是实现理论与实践相结合的有效途径。通过选取真实的案例，可以帮助学生理解雷锋精神在不同情境中的应用。通过分析郭明义、庄仕华、孙茂芳、王继才、马旭等“活雷锋”人物或典型事件，使学生在案例分析中加深对雷锋精神的认知，从而提高教育的实效性。

为了激发学生的主动性，可以设计并实施由学生主导的雷锋精神教育活动。学生可以自主策划并组织志愿服务项目、社会实践活动、雷锋精神宣传活动等。通过自主设计和实施雷锋精神教育活动，学生不仅成为雷锋精神的学习者，更成为雷锋精神的传播者。

三、高校思想政治教育中雷锋精神教育效果评估

雷锋精神作为高校思想政治教育的重要内容，其教育效果的评估需要建立在扎实的理论基础上。评估雷锋精神的教育效果，首先要明确雷锋精神在思想政治教育中的角色与目标。在构建雷锋精神教育效果评估标准时，应综合考虑认知、情感与行为三个维度。认知方面，评估学生对雷锋精神内涵的理解与掌握程度；情感方面，评估学生对雷锋精神的认同感和情感

共鸣;行为方面,评估学生在日常生活与社会实践中对雷锋精神的践行。

为了全面评估雷锋精神教育的效果,应采用定量与定性相结合的评估方法。定量评估可以通过问卷调查、量表测试等,收集学生在认知、情感和行为方面的数据,量化教育效果;定性评估则通过访谈、案例分析、课堂观察等,深入了解学生的思想变化与行为表现,捕捉定量数据无法体现的细节和深层次问题。两者结合,能够为教育效果提供全方位、多层次的评估结果。

评估结果反馈与改进是雷锋精神教育持续优化的重要环节。应建立反馈机制,将评估结果及时反馈给教师与学生,并据此调整教育内容与方法。如果评估结果显示学生在某一方面的认知或行为表现不佳,教师可以在后续教学中增加相关内容的比重或调整教学方式。此外,学校应鼓励教师根据反馈结果,开展教学研究与创新,进一步提升雷锋精神教育的实效性。

四、高校思政教育中雷锋精神教育的长效机制

为了确保雷锋精神教育在高校思想政治教育中的持久影响,必须建立长效机制,包括课程设置、教师培训、资源支持等多个方面。通过制度化的安排,确保雷锋精神教育不仅是阶段性的活动或项目,而是融入整个教育体系,成为大学生道德教育的常态化内容。

高校应在传统教育模式的基础上,结合时代特点,推动雷锋精神教育与实践。应建立常态化的评估反馈体系,定期对雷锋精神教育效果进行评估,并根据评估结果不断优化教育内容和形式。

随着社会的发展和教育环境的变化,雷锋精神教育将面临新的挑战与机遇。高校应积极应对这些变化,通过创新教育方式、加强国际交流、深化理论研究等手段,不断推动雷锋精神教育在高校思想政治教育工作中的应用,为培养德才兼备的新时代大学生做出更大贡献。

新时代弘扬雷锋精神的价值旨归与实践路径

马　丹*,刘朱曼新**

一、雷锋精神丰富内涵的当代阐释

习近平总书记指出,雷锋精神是不朽的丰碑,要深入挖掘雷锋精神的当代价值。[①]雷锋精神作为中国共产党人精神谱系的重要组成部分,为推动我国全面建设社会主义现代化国家、全面推进中华民族伟大复兴,提供了不竭的精神动力。

(一)对党忠诚、热爱祖国、热爱社会主义的崇高理想和坚定信念

习近平总书记指出:"革命理想高于天。中国共产党之所以叫共产党,就是因为从成立之日起我们党就把共产主义确立为远大理想。我们党之所以能够经受一次次挫折而又一次次奋起,归根到底是因为我们党有远大的理想和崇高的追求。"作为中国共产党人精神谱系的重要组成部分,雷锋精神是党员坚守理想信念具体而生动的体现。如雷锋所言:"我就是长着一个心眼,我一心向着党,向着社会主义,向着共产主义。"作为一名在社会主义建设初期成长起来的共产主义战士,雷锋将献身共产主义事业视为最大的

---

* 作者系辽宁大学学生。

** 作者系辽宁大学学生。

基金项目:辽宁省社会科学规划基金青年项目"新时代青少年廉洁文化教育研究"(L23CDJ007)。

① 习近平谈雷锋精神[J].共产党员,2019(8):7-8.

幸福。从通讯员到拖拉机手，再到推土机手、汽车兵，无论何种工作，雷锋都以一颗不懈追求卓越的心，力求做到极致。身为农民，他成为全县唯一的一名拖拉机手，展现了他的技能与担当；作为工人，他荣膺劳动模范，彰显了他的勤奋与付出；身着戎装，他成为一位伟大的共产主义战士，体现了他的忠诚与信仰。新时代，对党忠诚、热爱祖国、热爱社会主义依旧是雷锋精神的深刻内涵，激励我们将个人志向同党的事业、国家的前途紧密结合，为中华民族伟大复兴而不懈奋斗。

（二）服务人民、助人为乐的奉献精神

习近平总书记指出："一百年来，中国共产党弘扬伟大建党精神，在长期奋斗中构建起中国共产党人的精神谱系，锤炼出鲜明的政治品格。"中国共产党作为无产阶级政党，始终坚持全心全意为人民服务。纵观雷锋的一生，作为一名共产党员，他始终坚持全心全意为人民服务，始终坚持人民利益至上。正如他在日记所写："人的生命是有限的，可是，为人民服务是无限的，我要把有限的生命投入到无限的为人民服务之中去。"雷锋以其平凡的行为铸就了非凡的人生，以不懈的坚守树立了中华民族的道德丰碑。他乐善好施、热心助人，从资助贫困儿童、照顾烈士家属到帮助老人安全过马路，每一件看似微不足道的小事都映射出他无私奉献的精神，"雷锋出差一公里，好事做了一火车"的佳话至今仍被广为传颂。危难时刻，雷锋总是挺身而出，勇往直前。"当祖国和人民处在最危急的关头，我就挺身而出，不怕牺牲。生为人民生，死为人民死。"雷锋将全心全意为人民服务的根本宗旨内化于心、外化于行。所谓初心如磐，使命在肩。雷锋在平凡而短暂的人生中，不仅实现了个人价值，更以自己的实际行动诠释了服务人民、助人为乐的奉献精神。

（三）干一行爱一行、专一行精一行的敬业精神

习近平总书记指出："劳动者素质对一个国家、一个民族发展至关重要。当今世界，综合国力的竞争归根到底是人才的竞争、劳动者素质的竞争。"雷锋，这位爱岗敬业的先进典范，深刻体现了干一行爱一行、专一行精一行的

敬业精神。他从农民到工人,再到驾驶员,虽然不断变换着身份,却始终保持着敬业精神。面对组织分配的每一个岗位,雷锋从不挑三拣四,而是全身心投入其中,力求做到最好。在社会主义建设初期,国家的发展迫切需要大量专业技术人才以推动社会生产力的发展。雷锋总是主动选择那些最为紧缺、最为艰苦的岗位,他不仅能够迅速适应新的工作环境,而且以极其认真的态度对待每一项任务,为社会主义建设贡献了自己的青春和力量。雷锋在工作中始终以“钉子”精神严格要求自己,勤恳踏实,虚心请教,在平凡的岗位上做出许多不平凡的成绩。这种精神使他多次获得先进工作者、红旗手、标兵等荣誉称号。所谓艰难困苦,玉汝于成。新时代,学习雷锋的敬业精神,就是要学习他坚韧不拔的“钉子”精神,以钉子般的坚韧与执着,在各自岗位上为中国特色社会主义事业添砖加瓦。

(四)锐意进取、自强不息的创新精神

习近平总书记在党的二十大报告中指出:“培育创新文化,弘扬科学家精神,涵养优良学风,营造创新氛围。”所谓创新不止、步履不停。创造性作为主观能动性的集中体现,是推动社会发展和文明进步的永恒动力。雷锋在日记中写道:“我愿做高山岩石之松,不做湖岸河旁之柳。我愿在暴风雨中——艰苦的斗争中锻炼自己,不愿在平平静静的日子里度过自己的一生。”雷锋虽然只有小学文化,却在22年的人生旅程中取得了卓越的成就,被全国人民视为学习的榜样,正是得益于他锐意进取、自强不息的创新精神。全班战士在雷锋的领导下,总结经验规律,对车辆性能和操作方法进行了改进。雷锋更是创造性地制作了模拟驾驶台,极大地提升了战士们对汽车构造以及油耗和保养知识的理解,显著提高了全班战士的驾驶技术水平。雷锋成为勇于探索、勇于创新的典范。实践证明,伟大的创造精神是一个国家、一个民族不断前进的强大动力。新时代,学习雷锋精神就要继承和发扬雷锋的创新精神,推动我国日新月异向前发展,大踏步走在世界前列。

二、新时代弘扬雷锋精神的价值旨归

习近平总书记指出："雷锋是时代的楷模，雷锋精神是永恒的。实现中华民族伟大复兴，需要更多时代楷模。"[①]作为社会主义先进文化的代表，雷锋精神的内涵丰富广博。

（一）政治导向，有利于党的事业弦歌不辍

第一，雷锋精神有助于坚定共产党人的信仰之基。雷锋精神彰显了对党的忠诚和对理想信念的执着。雷锋在日记中写道："为了人类的解放事业——共产主义，我要献出自己的毕生精力和整个生命。"雷锋精神激励共产党员将个人的理想追求与党的最终理想相结合，将个人的奋斗融入实现共产主义的事业中。雷锋精神体现了鲜明的阶级立场和无私奉献的精神，通过学习雷锋精神，能够坚定对共产主义事业的信仰。当前，国内外形势复杂多变、各种重大风险挑战接踵而至，只有怀揣坚定的理想信念，才能夺取新时代中国特色社会主义新胜利。

第二，雷锋精神有助于厚植人民群众的爱国情怀。习近平总书记在纪念五四运动100周年大会上的讲话中指出："爱国主义是我们民族精神的核心，是中华民族团结奋斗、自强不息的精神纽带。"雷锋精神诞生于中国共产党领导下的社会主义建设时期，它承载着党的优良传统和红色基因。雷锋在短暂的一生中为祖国、为人民付出了全部心血，将个人的信仰和国家的命运紧密相连，把对党的忠诚转化为对国家的热爱，把对社会主义的信仰转化为建设祖国的实际行动。雷锋精神中的无私奉献和助人为乐，体现了集体主义精神，而集体主义是爱国主义的基础。弘扬集体主义精神，有助于人民群众将个人的命运与国家的命运紧密联系起来，从而厚植爱国情怀。通过学习和弘扬雷锋精神，人民群众能够更加深刻地理解党的历史、宗旨和目标，从而增强对国家的认同感和归属感。雷锋精神与时俱进，不断被赋予新

① 解放思想锐意进取深化改革破解矛盾 以新气象新担当新作为推进东北振兴[N]. 人民日报，2018-09-29(01).

的时代内涵，如创新、奉献、友善等，激励着人们以实际行动为祖国的繁荣富强和人民的幸福安康贡献力量。

（二）思想引领，有利于当代学生立根塑魂

第一，雷锋精神有助于坚定当代学生的理想信念。习近平总书记指出："青年一代有理想、有担当，国家就有前途，民族就有希望，实现我们的发展目标就有源源不断的强大力量。"[①]雷锋精神不仅是一种道德典范，更是一种精神力量，对于坚定当代学生的理想信念具有不可替代的作用。雷锋精神的核心之一是集体主义精神，雷锋的无私奉献和助人为乐体现了对集体的忠诚和热爱。当代学生在学习雷锋精神的过程中，应培养集体主义精神，将个人的理想信念与集体、国家的命运紧密联系起来，从而更加坚定理想信念。一方面，作为雷锋精神的核心，服务人民，助人为乐的奉献精神，不仅有助于营造人人为我、我为人人的社会氛围，还能强化学生的群体意识和服务意识。鼓励学生站在国家和民族发展的高度，主动承担社会责任，为国家繁荣和民族振兴贡献自己的力量。另一方面，雷锋精神中所蕴含的锐意进取、自强不息的创新精神容易引发学生的情感共鸣，有利于学生树立崇高的理想信念，成为新时代雷锋精神的弘扬者。

第二，雷锋精神有助于培养当代学生的道德品质。习近平总书记指出："广大青年要把正确的道德认知、自觉的道德养成、积极的道德实践紧密结合起来，自觉树立和践行社会主义核心价值观，带头倡导良好社会风气。"[②]雷锋精神提供了一种正确的人生导向和价值选择。雷锋在日常生活中展现出的助人为乐、谦虚谨慎、勤奋节俭等品质，体现了雷锋对社会、对他人的关爱，是当代学生学习的榜样。实现人的全面发展，是马克思主义追求的根本价值目标，也是共产主义社会的根本特征。雷锋精神涵盖道德、智慧、情感等多方面，学习雷锋精神，不仅能够提升道德水平，还能促进智力、情感等各方面的发展。学习雷锋精神，能够引导学生追求真善美，抵制功利主义和物

① 十八大以来重要文献选编（上）[M].北京：中央文献出版社，2014:277.
② 十八大以来重要文献选编（上）[M].北京：中央文献出版社，2014:280.

质主义，塑造健全的人格，培养良好的品质。不仅有助于学生树立正确的人生观和价值观，并将其内化为自身的道德准则和行为习惯，更能激发他们积极投身于社会主义事业，为构建社会主义和谐社会贡献自己的力量。

三、新时代弘扬雷锋精神的实践路径

习近平总书记指出："要旗帜鲜明加强思想政治教育、品德教育，加强社会主义核心价值观教育。"[①]创新雷锋精神传承方式是一项重要课题，通过数字赋能推进雷锋精神宣传方式的智慧化重塑，通过阵地加持实现雷锋精神教育方式的全方位变革，使雷锋精神的传播更加生动有力、深入人心。

（一）数字赋能：推进雷锋精神宣传方式的智慧化重塑

第一，拓展雷锋精神传播的时空边界。马克思主义认为，生产力是社会发展的最终决定力量。新媒体作为信息时代的重要生产力，其发展推动了信息传播的变革。其一，利用大数据分析优化内容创作。通过大数据分析，构建用户画像，了解不同受众群体的特点和偏好，优化内容创作，从而定制化地传播雷锋精神相关内容，确保信息能够精准地传达给目标受众。其二，创新内容形式与表现手法。运用数字媒体技术，将文字、图片、音频、视频等多种形式融合，开发互动式新媒体产品。将雷锋精神融入故事中，通过短视频、微电影等形式，讲述新时代的雷锋故事，让用户在互动中感受雷锋精神的内涵。其三，持续跟踪，优化传播策略。对传播效果进行持续跟踪和评估，根据反馈及时调整传播策略，确保雷锋精神的传播始终保持活力和有效性。

第二，构建雷锋精神传播网络。雷锋精神是社会主义核心价值观的生动体现，通过构建雷锋精神传播网络，可以更有效地引导社会舆论，培育积极向上的社会风尚。其一，强化社群建设。建立线上社群，鼓励用户生成内容，围绕雷锋精神发起线上话题，如分享自己的学雷锋故事，鼓励用户参与讨论和分享，使用户之间形成良性互动。其二，构建跨平台传播矩

① 习近平.思政课是落实立德树人根本任务的关键课程[J].求是，2020(17)：1.

阵。在微信、微博、抖音、快手等主流新媒体平台上建立传播矩阵，根据平台特点和用户习惯，发布多样化的内容，形成联动效应，扩大传播雷锋精神的覆盖面。实现多平台内容同步更新，确保信息传播的时效性和一致性，利用流量和技术优势，共同传播雷锋精神。其三，开发数字视觉内容。制作一系列以雷锋精神为主题的视觉内容，如海报、插画、动画、短视频等，内容要富有创意，能够吸引不同年龄层的受众，并通过故事化的方式展现雷锋精神的现代意义。

（二）阵地加持：实现雷锋精神教育方式的全方位变革

第一，强化课堂教学的思想性，将学校作为新时代雷锋精神教育的主要渠道。课堂教学是学校教育的基本形式，贯穿小学到大学各个阶段，能够营造全员参与、全程育人的教育生态，对于培养具有社会主义核心价值观的新时代青年至关重要。其一，更新课程内容。结合新时代背景，对雷锋精神的内涵进行深入挖掘和现代解读，将其与学生的生活实际紧密结合，确保教学内容与时俱进，体现新时代的价值追求。其二，创新教学方法。采用互动式、讨论式的教学方式，激发学生积极参与，不仅帮助学生深刻理解雷锋精神的时代意义，还能使学生在实践中体验到雷锋精神的宝贵价值。其三，建设校园文化。一方面，利用校园媒体、宣传栏等渠道广泛宣传雷锋事迹和雷锋精神，营造积极的舆论氛围。另一方面，通过开展主题教育、创建雷锋班级和雷锋小组等形式，打造浓厚的校园文化氛围，使雷锋精神成为校园文化建设的核心组成部分。

第二，加强社会教育的主动性，将社会作为新时代雷锋精神教育的良好土壤。课堂教育固然重要，但仅靠课堂教育无法覆盖所有人。社会教育则可以整合多方资源，凝聚力量，形成雷锋精神教育的合力，共同推进雷锋精神的传承与弘扬。其一，促进社区教育发展。整合社区内外的教育资源，包括学校、企业、社会组织等，共同参与社区教育活动。建立社区志愿服务登记制度，记录居民志愿服务的时间和内容，形成志愿服务的良性循环。对积极参与志愿服务的居民给予表彰和奖励，增强他们的荣誉感和归属感。其二，强化社区教育实践。开展“学雷锋做好事”等活动，鼓励居民从身边小事做起，积极参与社区治理、保护环境等，将雷锋精神融入日常生活。其三，开展主题教育。通过主题教育来学习雷锋精神，如举办雷锋故事分享会，邀请老一辈的志愿者、雷锋传人以及雷锋班班长等分享他们与雷锋的故事。将主题教育常态化，定期举办相关活动，形成长效机制，让雷锋精神教育在学校、社区、企业等各个领域生根发芽，让全社会共同参与学雷锋。

新时代雷锋精神在广西赓续传承的四维价值

宁克峰*，辛立章**

党的十八大以来，习近平总书记高度重视雷锋精神的传承与弘扬。2023年2月，在纪念毛泽东等老一辈革命家为雷锋同志题词60周年之际，习近平总书记对深入开展学雷锋活动作出重要指示，强调要"让雷锋精神在新时代绽放更加璀璨的光芒，为全面建设社会主义现代化国家、全面推进中华民族伟大复兴凝聚强大力量"①。党和国家高度重视民族地区的发展。当前，广西不仅是中国少数民族人口最多的自治区，也是边境地区。挖掘雷锋精神在广西赓续传承的时代价值，将雷锋精神的深刻内涵同广西民族工作实践有机结合，无论是对实现雷锋精神民族化、时代化，还是对推进广西地区民族团结进步都具有重要的现实价值。

一、铸牢中华民族共同体意识，怀家国，倡仁爱

文化认同是凝聚一个民族的精神纽带，而铸牢中华民族共同体意识是文化认同不断深化的必要保证。广西作为边疆民族地区，担负着维护祖国统一和民族振兴的重要使命。铸牢中华民族共同体意识，不仅要夯实物质

* 作者系桂林理工大学2023级硕士研究生。

** 作者系广西开放大学教授，桂林理工大学兼职教授。

基金项目：2023年广西哲学社会科学研究课题"新时代雷锋精神在广西的赓续传承研究"(23FDS012)。

① 深刻把握雷锋精神的时代内涵 让雷锋精神在新时代绽放更加璀璨的光芒[N].人民日报，2023-02-24(1).

基础,更需要与之高度共鸣的精神载体。

(一)理论之基:习近平总书记关于中华民族共同体意识与雷锋精神的重要论述

习近平总书记强调,要按照增进共同性的方向改进民族工作,正确把握共同性与差异性、中华民族共同体意识与各民族意识、中华文化与各民族文化、物质与精神的关系。[①]这一重要论述对健全中华民族共同体意识认同机制与构筑中华民族共有精神家园作出了精准概括。习近平总书记深刻指出:“雷锋精神是永恒的。”[②]探析思想源头,雷锋精神与民族文化是中华优秀传统文化的重要组成部分,受到中华优秀传统文化的引领。厘清雷锋精神体现的中华优秀传统文化与中华民族共同体意识理念的内在契合,能够为两者的内涵实质与价值旨趣提供相互阐释的理论空间。儒家的“家国大义”“仁爱”等理念在中华优秀传统文化中处于核心地位,是中华民族最基本的价值取向与精神标识。雷锋精神之所以是中华民族精神家园的常青树,发挥着凝聚全体成员、支撑公民道德的作用,究其根本是其深深扎根于中华优秀传统文化的土壤之中,具有民族性。

(二)文化之根:儒家文化中的尚公思想

雷锋精神融合了中华民族传统文化中的“家国大义”思想与天下一家、仁爱互助的交往伦理,是中华民族共同体意识的社会化。传统儒家文化中的“家国大义”思想是爱国主义的思想来源之一,承载着中华民族对国家认同和民族认同的集体历史记忆。“把自己最可爱的青春献给我们的祖国”[③]是雷锋一生的信条。这种将国家利益、集体利益置于自身利益之上的尚公思想体现了雷锋“一寸丹心图报国”的爱国主义精神。尚公思想彰显的个人前途命运与国家和民族的前途命运紧密联系的崇高理想信念,与铸牢中华民

---

① 习近平.习近平谈治国理政(第四卷)[M].北京:外文出版社,2022:245.

② 习近平.用好红色资源,传承好红色基因把红色江山世世代代传承下去[J].求是,2021(10):4-18.

③ 雷锋.雷锋日记[M].北京:北京联合出版公司,2021:6.

族共同体意识的内在要求高度一致，也是维护广西各族人民根本利益、实现广西民族工作创新性发展的重要保障。

（三）符号之塑：中华民族传统美德中的利他精神

雷锋曾说："我要做一个有利于人民、有利于国家的人，如果说这是'傻子'，那我甘心愿意做这样的'傻子'。"[①]雷锋的言行体现了中华民族传统美德中的仁爱互助精神。雷锋精神中为人民服务的利他精神是中华民族传统美德的真实写照，蕴含着中华民族传统美德的精华，为广西地区乃至中国社会的持续稳定发展、精神文明建设与铸牢中华民族共同体意识提供了强大的精神力量。广大八桂儿女要深入学习雷锋精神，培育仁爱互助的价值观与为人民服务的利他精神，维护国家和民族的根本利益，互助互爱，最终外化成一种稳定的价值追求和行为准则。

二、弘扬本土红色革命文化，铭历史，续血脉

广西作为我国民族团结进步的示范区，也是中国共产党开展革命与建立组织较早的地区，蕴含着丰富的红色革命文化资源。

（一）革命文化的生成机理与本土化建构意蕴

毛泽东在《新民主主义论》中首次明确了革命文化的概念："革命文化，对于人民大众，是革命的有力武器。"[②]革命文化是中国共产党领导人民在革命、建设、改革的历史中创造的，对中华优秀传统文化进行了升华，是在革命、建设、改革实践中孕育形成的所有物质文化和精神文化的总和，能够激发广大人民的精神力量，为全面建设社会主义现代化国家、实现中华民族伟大复兴中国梦而奋斗。革命文化记载着中国共产党百年变革求真的变迁过程，是具有科学性、政治性、时代性的逻辑话语和系统体系。从地域视角切入，不同的地区、民族有着不同的精神诉求。中国共产党在民族地区创造出的区域红色文化资源，是革命文化在民族地区的本土化建构。重点挖掘本

① 雷锋.雷锋日记[M].北京:北京联合出版公司，2021:11.
② 毛泽东.毛泽东选集(第二卷)[M].北京:人民出版社，1991:708.

土红色革命文化是确保边疆民族地区社会稳定、加强红色文化建设与营造红色文化氛围的重要依托。

（二）革命精神的生成境域与对主体人格构筑的影响

任何精神形态的出现，都有一定的实践基础和历史条件，对主体人格的构筑具有重要影响。红色革命精神的内化需要依附一定的境域和载体。雷锋的家乡望城是有着光荣革命传统的革命老区，红色革命文化为雷锋的成长注入了养分。雷锋从旧社会的孤儿成长为新中国优秀的解放军战士，在雷锋的成长过程中，革命精神在环境中内化，并在实践中再现和延续。作为革命文化的生动人格写照，革命英雄展现的精神价值也是雷锋精神形成的重要基础。雷锋以黄继光、董存瑞、方志敏等同志为榜样，在实践中以人民的需要为价值导向，为人民利益而英勇斗争，成为“一个热爱祖国、热爱人民，永远忠于党、忠于人民革命事业的人”①。榜样熏陶推动雷锋成为一名红色革命文化的传播者和践行者。

（三）充分挖掘本土红色革命文化的独特价值

广西作为中国共产党开展革命与建立组织较早的地区，富含红色革命文化资源。如红军长征湘江战役纪念园、百色起义纪念馆等红色革命基地，生动展现了党领导广西各族人民在革命战争时期创造的军民团结抗争的革命文化，也是党领导广西各族人民团结奋斗的历史见证，彰显了广西各民族的凝聚力和向心力。习近平总书记在广西考察时强调，要缅怀革命先烈，赓续共产党人的精神血脉。八桂儿女肩负着弘扬和传承革命文化的历史使命，要引导八桂儿女充分挖掘本土红色革命文化，发挥其强大力量。

三、凝聚向上向善的社会共识，爱集体，讲奉献

党的十八大报告提出，要继续“深入开展爱国主义、集体主义、社会主义教育，丰富人民精神世界，增强人民精神力量。倡导富强、民主、文明、和谐，倡导自由、平等、公正、法治，倡导爱国、敬业、诚信、友善，积极培育和践行社

① 雷锋.雷锋日记[M].北京:北京联合出版公司，2021:38.

会主义核心价值观”[①]。雷锋精神在一定程度上体现了集体主义与社会主义核心价值观。为厘清三者的关系，满足边疆民族地区多元的精神需求和利益诉求、广泛凝聚社会共识、汇聚民族力量，必须首先把握集体主义与社会主义核心价值观两者之间的内在联系。

（一）以社会主义核心价值观与集体主义为凝心聚力的双重原则

新时代，党和国家高度重视民族地区的发展与安全稳定。党的十九大报告强调，要加快边疆发展，确保边疆巩固、边境安全。当今世界正经历百年未有之大变局，在中国共产党带领全国各族人民进行中国特色社会主义建设的实践中，面对意识形态之间的碰撞和矛盾，应如何凝聚社会共识？社会主义核心价值观是对中华民族自古以来的价值理念和道德规范的承载，精准凝练了道德实践的原则遵循。强调民族集体利益和民族成员利益的辩证统一，其实质在于整体利益是个体利益的依托和存在前提，进而使民族成员自愿服从民族集体利益的需要。将集体主义与社会主义核心价值观的内涵相结合，能够有效提高两者在意识形态领域的吸引力和凝聚力。

（二）以社会主义伦理道德典范为凝心聚力的重要载体

习近平总书记指出：“雷锋是时代的楷模，雷锋精神是永恒的。实现中华民族伟大复兴，需要更多时代楷模。我们既要学习雷锋的精神，也要学习雷锋的做法，把崇高理想信念和道德品质追求转化为具体行动，体现在平凡的工作生活中，作出自己应有的贡献，把雷锋精神代代传承下去。”[②]雷锋是社会主义伦理道德模范，他曾说：“一滴水只有放进大海才能永远不干，一个人只有当他把自己和集体事业融合一起的时候才能有力量。”[③]在广西地区培育和践行社会主义核心价值观，引导八桂儿女正确处理个人利益与集体利益的关系，是实现广西各民族同心聚力的重要依托。

① 十八大以来重要文献选编（上）[M].北京：中央文献出版社，2014：25.
② 习近平关于社会主义精神文明建设论述摘编[M].北京：中央文献出版社，2022:152.
③ 雷锋.雷锋日记[M].北京:北京联合出版公司，2021:10.

（三）以雷锋精神的信仰坚守为凝心聚力的实践遵循

雷锋在日记中写道："我觉得一个革命者就应该把革命利益放在第一位，为党的事业贡献出自己的一切，这才是最幸福的。"①雷锋严格要求自己，言行一致，给人们树立了完美的榜样。个人要超越"小我"，才能汇聚成"大我"。要引导八桂儿女将个人理想和个人价值与社会理想和社会价值相融合，涵养对国家和集体无私奉献的高尚品格，做到心往一处想、劲往一处使，以信念聚共识，以共识固团结，以团结凝动力，确保在多样化的思想交锋中夯实思想基础，构建良好的社会伦理，凝聚向上向善的社会共识。

四、树立正确的人生观，明身份，担责任

人生观决定着人生道路的方向。雷锋精神蕴含着的崇高理想信念、奉献精神、敬业精神、创新精神和创业精神等丰富内涵。要大力弘扬和继承雷锋精神，用雷锋精神凝聚起实现中国式现代化的强大力量。

（一）首要前提：确立正确人生观的价值意蕴

习近平总书记提出："要树立正确的世界观、人生观、价值观，掌握了这把总钥匙，再来看看社会万象、人生历程，一切是非、正误、主次，一切真假、善恶、美丑，自然就洞若观火、清澈明了，自然就能作出正确判断、作出正确选择。"②雷锋也曾提到："一个革命者，当他一进入革命行列的时候，就首先要确立坚定不移的革命人生观。"③雷锋的人生观生动地诠释了"怎样做人，做什么样的人"的人生之问。没有正确的人生观与积极进取的人生态度，人生追求则难以实现。八桂儿女要以雷锋精神为滋养，以弘扬和传承雷锋精神为己任，树立正确的人生观，坚持与历史同向、与祖国同行、与人民同在。

（二）风险预防：提高抵御错误思潮的能力

在"两个大局"背景下，以美国为首的西方国家妄图利用新自由主义、个人主义、保守主义等多种资本主义意识形态与"自由""民主""人权"等所谓

---

① 雷锋．雷锋日记[M].北京:北京联合出版公司，2021:45.

② 习近平关于社会主义精神文明建设论述摘编[M].北京:中央文献出版社，2022:108.

③ 雷锋．雷锋日记[M].北京:北京联合出版公司，2021:6.

的"普世价值"进行意识形态渗透,煽动民族对立情绪,诋毁我国民族事业。受到当今腐朽和错误思潮的侵蚀,少数人把享乐主义、利己主义等作为自己的人生观。从懵懂、迷茫,到逐渐树立起正确的世界观、人生观和价值观,成为人民群众的勤务员等,都是雷锋自我体悟实践的结果。①要锤炼出积极进取的人生态度与崇高的人生追求,首先要有矫正偏差的精神坐标。雷锋是在社会主义革命和建设的环境中成长起来的,为了适应时代的需要,雷锋用崇高的共产主义理想信念以及高度的热情投身社会主义建设事业。他说:"我觉得人生在世,只有勤劳,发奋图强,用自己的双手创造财富,为人类的解放事业——共产主义贡献自己的一切,这才是最幸福的。"②充分利用雷锋精神中坚定的共产主义理想信念抵御错误思潮,不仅能为八桂儿女的人生观提供精神指导,引导八桂儿女在建设中国特色社会主义事业的努力奋斗中实现人生价值,还能筑牢社会主义意识形态的安全屏障,为民族地区的现代化建设提供精神保障。

(三)找准定位:准确把握社会与个人的发展阶段

雷锋正确回答了"我是谁,我要干什么"这个根本问题,从而树立了正确的人生观。只有弄清"我是谁",才能找准自己的定位,明确自己的职责。雷锋认为,一个人的作用,对于革命事业来说,就如一架机器上的一颗螺丝钉。"螺丝钉"精神是雷锋精神的重要组成部分,蕴含着对事业的使命感和责任感,是敬业奉献的生动体现。只有弄清"我要干什么",才能明晰自己履责所需的知识、技能和能力。雷锋认为,螺丝钉要经常保养和清洗,才不会生锈。八桂儿女要善于做一颗永不生锈的螺丝钉,不断增强自我完善、自我提高、自我革新的能力。要牢记习近平总书记的嘱托,在各自岗位,各自领域,尽力而为、量力而行、久久为功,在建设新时代壮美广西上不断取得新进展,奋力谱写中国式现代化广西篇章。

---

① 辛立章,覃雪燕.雷锋精神的鲜明特质、传承逻辑与新时代弘扬路径[J].创新,2023,17(02):23-30.

② 雷锋.雷锋日记[M].北京:北京联合出版公司,2021:49.

新时代以雷锋精神推动中国式现代化研究

刘　玄*

党的二十届三中全会提出，中国式现代化是物质文明和精神文明相协调的现代化。雷锋精神是中国共产党人精神谱系中的伟大精神，60多年来，不仅鼓舞了早期的社会主义建设热潮，也是我国推进改革开放和中国式现代化的强大精神支柱。

一、以雷锋精神推动中国式现代化的价值意蕴

如果说中国式现代化是一艘巨轮，那么雷锋精神则是一面鲜明的旗帜，为中国式现代化提供强大的精神动力。

（一）推动全民族加强思想政治教育

党的二十届三中全会明确提出，党的领导是进一步全面深化改革、推进中国式现代化的根本保证。加强党的领导，必须坚定不移地推进思想政治教育这一系统性基础性工程。雷锋精神是中国共产党人精神谱系中的伟大精神，其炽热的爱党爱国爱社会主义的思想、全心全意为人民服务的思想、艰苦奋斗与勤俭节约的思想等，都与党的思想政治教育内容高度契合。雷锋精神具有广泛的群众基础，有助于推动机关、企业、学校、医院、社会组织等众多单位根据业务发展实际，不遗余力地将雷锋精神融入思想政治教育

* 作者系长沙市雨花区城市管理综合行政执法大队科员。

之中，从而凝心聚力，更加紧密团结在党中央周围，汇聚推进中国式现代化的磅礴力量。

（二）更好践行社会主义核心价值观

习近平总书记指出，雷锋精神永不过时，雷锋精神是永恒的，是社会主义核心价值观的生动体现。60多年来，雷锋精神一直闪耀光芒。雷锋精神所体现的热爱祖国、爱岗敬业、诚实守信、助人为乐等，都完美诠释了社会主义核心价值观，与社会主义核心价值观一脉相承。在推进中国式现代化、实现中华民族伟大复兴的征途中，雷锋精神有助于激励国人爱岗敬业、无私奉献，形成团结互助的氛围。

（三）推动雷锋走向世界和文明互鉴

2023年10月，习近平总书记在全国宣传思想文化工作会议的讲话中强调，着力加强国际传播能力建设、促进文明交流互鉴。雷锋精神不仅是中国的，也是全世界的。雷锋精神代表了全世界人民朴素、友爱的情感，闪耀着助人为乐、爱好和平的人性光芒。据统计，至2022年底，抚顺雷锋纪念馆已经接待了60多个国家的国际友人①。全球活跃着众多学雷锋组织，众多学雷锋青年志愿者在行动。雷锋精神有助于文明交流互鉴，构建人类命运共同体。

二、以雷锋精神推动中国式现代化的基础条件

江河万里总有源，树高千尺也有根。以雷锋精神推动中国式现代化，并非无源之水、无本之木，而是具有深刻的历史基础、思想基础、政策基础、实践基础和群众基础。

（一）历史基础：中华优秀传统文化

习近平总书记在庆祝中国共产党成立100周年大会上的重要讲话中，

① 王立娟.新时代新征程弘扬雷锋精神的三重逻辑[J].辽宁省社会主义学院学报，2023(03):85-90.

明确提出“把马克思主义基本原理同中国具体实际相结合、同中华优秀传统文化相结合”的重大理论观点。雷锋精神有其历史源头，中华优秀传统文化是其土壤。在党和政府的关怀下，雷锋得到了读书的机会。在部队中，雷锋边工作边学习，爱写日记和思考，受到了传统文化的熏陶。从雷锋身上，可以看到中华民族自强不息的奋斗精神，可以看到他对“以和为贵”思想的继承，也可以看到他对“民为邦本”思想的发扬。雷锋深深爱着人民，全心全意为人民服务。雷锋精神以中华优秀传统文化为土壤，得到了中华优秀传统文化的浸润和滋养。

（二）思想基础：马克思主义和毛泽东思想

雷锋精神是一种公而忘私的共产主义精神。从雷锋日记中可以看出，雷锋树立了全心全意为人民服务的根本思想，心中装着对人民无限的爱。雷锋立场坚定，阶级分明，树立了正确的价值观。雷锋拥有高尚的思想境界，得益于雷锋在党的领导和帮助下，受到了马克思主义和毛泽东思想教育。雷锋认为，一个革命者活着就应该把毕生精力和整个生命为人类解放事业——共产主义全部献出。雷锋非常喜欢学习毛泽东语录，在雷锋日记中留下了许多学习毛泽东思想的心得体会。雷锋精神的源头活水来自马克思主义和毛泽东思想。马克思主义和毛泽东思想孕育了平凡而伟大的雷锋精神。①

（三）政策基础：国家高度重视学习雷锋

历届国家领导人都高度重视学习雷锋，学习雷锋活动成为一项重大的全民群众运动。②1963年3月，毛泽东题词“向雷锋同志学习”。每年3月5日确定为学雷锋纪念日，全国各行各业开展学雷锋活动，文艺界也展开广泛宣传。2012年3月，中共中央办公厅发布《关于深入开展学雷锋活动的意见》，学雷锋活动常态化，开始探索与志愿服务相结合。党的十八大以来，习近平总书记多次对学雷锋发表重要讲话。2021年，雷锋精神被第一批纳入

① 周显信，谢宗旺．新时代雷锋精神：发展脉络、价值功能与实践理路[J]．沂蒙干部学院学报，2023(04):89-97.

② 欧阳雪梅．学雷锋活动六十年来的发展历程及启示[N]．光明日报，2023-03-02.

中国共产党人精神谱系，学雷锋制度更加完善，全国各行各业掀起学雷锋活动新高潮。

（四）实践基础：60多年来的学雷锋活动

从1963年开始，学雷锋活动在中华大地开展，活动内容多种多样，活动形式丰富多彩。1963—1966年，学雷锋主要采取雷锋事迹展览、建立雷锋纪念馆、话剧电影歌曲等方式，尤其是歌曲《学习雷锋好榜样》将雷锋精神带入学生课堂，雷锋精神深入人心。1978年党的十一届三中全会后，北京开展“学雷锋 树新风”活动，拉开学雷锋活动序幕。20世纪80年代，学雷锋小组、学雷锋服务队纷纷成立，各行各业奋勇争先学雷锋。20世纪90年代，岗位学雷锋、志愿服务广泛开展。21世纪尤其是党的十八大以来，学雷锋活动更加深入人心，已经成为全民广泛共识和共同行动。60多年来，全国各地各行各业学雷锋活动广泛深入开展，为雷锋精神奠定了实践基础。①

（五）群众基础：雷锋精神深入人心

2024年4月12日，中共中央办公厅、国务院办公厅发布的《关于健全新时代志愿服务体系的意见》中明确提出，把雷锋精神和志愿精神体现到志愿服务工作各方面，彰显中国特色志愿服务的时代价值和道德力量。中国志愿服务网的数据显示，目前我国注册的学雷锋志愿者已达2.36亿。②日益庞大的志愿服务组织在社区建设、乡村振兴、公共卫生、应急救援等领域开展了多种多样的志愿服务活动，对维护社会和谐稳定、增进民生福祉等起到了重要作用。60多年来，在国家政策的大力推动和学雷锋活动的推进下，雷锋精神已经具有广泛的群众基础。

三、以雷锋精神推动中国式现代化的现实挑战

尽管雷锋精神在60多年来已深入人心，但是受种种因素的影响和制约，雷锋精神推动中国式现代化仍存在诸多挑战。

---

① 欧阳雪梅.学雷锋活动六十年来的发展历程及启示[N].光明日报，2023-03-02.

② 邱铨林.全国人大代表李楚源：建议设立“中国雷锋奖”，推动新时代志愿服务新发展[N].中国日报，2024-03-06.

（一）封建落后腐朽思想残余

我国经历了两千多年封建社会，除中华优秀传统文化之外，也存在一些文化糟粕和落后腐朽的思想残余，比如，“人不为己天诛地灭”的极端自私自利思想、“今朝有酒今朝醉”的及时行乐思想、结党营私朋比为奸的团伙思想、封建迷信思想等，这些思想残余在一定范围和程度上仍存在，对于雷锋精神的深入推进造成一定的思想障碍和不良影响。

（二）市场经济不良思想侵蚀

改革开放以来，多元化思想来袭，中华优秀传统文化受到挑战。[①]一切向钱看、拜金主义、实用主义等各种不良思潮充斥，爱党爱国爱社会主义、服务人民奉献社会的主流价值观受到一定挑战和冲击。雷锋精神被部分人认为“不现实”，雷锋精神所倡导的艰苦奋斗、勤俭节约也被认为“过时”，与市场经济下的“消费拉动生产，促进经济增长”等思想产生一定冲突。这些思想对雷锋精神在新时代的深入推进产生了较大不利影响。

（三）外部势力各种思想渗透

随着中国综合国力逐步增强，美西方在国际舆论场炮制并炒作“中国威胁论”。近年来，更是通过贸易战等各种手段，进行经济上的打击、政治上的遏制、舆论上的控制和各种思想渗透。部分群众政治站位不高，面对西方国家的利益诱惑等不惜出卖情报损害我国国家安全。这些思想和行为都与爱党爱国爱社会主义的雷锋精神相悖，必须坚决斗争和抵制。[②]

（四）自媒体的推波助澜

自媒体时代，人人都可以发声，权威似乎被消解。受我国网络监管法律法规不健全、部分网民自身素质不高等因素影响，网络空间中各种思潮甚嚣

① 蒋晓侠.“三维”视野下雷锋精神的再考察[J].思想教育研究，2024(06):132–137.
② 梁毅娜.新时代雷锋精神的价值意蕴、精髓要义及赓续发展[J].湘潮，2023(12):51–52.

尘上，网络霸凌、恶意诋毁、攻击谩骂不断，在主流舆论阵地之外，不良的网络舆论环境对雷锋精神的深入推进产生了一定的不利影响。

四、以雷锋精神推动中国式现代化的方法

（一）立足基层，紧密结合实践

雷锋精神不是空中楼阁，雷锋精神应该永放光芒。[①]政府机关、事业单位、社会组织、企业等不同单位，应紧密结合各单位的发展实际，有序推动学雷锋活动。要注重将学雷锋工作做细做实，建立长效工作机制，开展常态化、经常性的学雷锋活动，杜绝形式主义、追求形象工程等一切不良倾向，努力提升学雷锋活动质效，切实达到提振精神、营造文化氛围、带动单位提质增效的预期目的，真正为中国式现代化贡献力量。[②]

（二）为民服务，以人民为中心

党的二十大号召："全党要坚持全心全意为人民服务的根本宗旨，树牢群众观点，贯彻群众路线，尊重人民首创精神，坚持一切为了人民、一切依靠人民，从群众中来、到群众中去。"新时代，以雷锋精神推动中国式现代化要牢记这一根本宗旨。要在党的领导下，不断完善基层党建，优化服务水平，解决人民群众急难愁盼问题，推动中国式现代化宏伟目标早日实现。

（三）发动群众，实现全民参与

一花独放不是春，百花齐放春满园。学雷锋孤掌难鸣，需要充分发动群众，实现全民参与。其中，比较成功的一个案例就是鞍钢工人郭明义创办的郭明义爱心团队。该团队成立于2009年，郭明义所在的鞍钢齐大山铁矿2000名工人中有1000多名工人加入了郭明义爱心团队。目前，全国各地已有17个省、自治区、直辖市成立了郭明义爱心团队的大队、分队170余支，注

---

① 何超.让雷锋精神在新时代绽放更加璀璨的光芒[N].玉溪日报，2024-07-25(002).
② 徐本禹.做新时代雷锋之歌的领唱者[N].人民日报，2024-03-31(005).

册志愿者达到6万多名，参加活动的志愿者遍布全国。这一成功案例说明，学雷锋需要发动群众，实现全民参与。

（四）坚持创新，强化协同思维

经过60多年的发展，学雷锋活动同质化现象日益严重。新时代，以雷锋精神推动中国式现代化应该坚持创新发展理念。要创新思路，结合本单位实际走出一条特色发展之路。同时，不同单位间、不同主体间、不同组织间要强化协同思维，加强跨单位、跨部门、跨组织间的协作，发挥群体的力量，共同推动学雷锋走向深入。[①]

五、以雷锋精神推动中国式现代化的路径

（一）加强顶层设计，增强国家政策支持

当前，要进一步完善法律法规，健全学雷锋活动的保障机制，推动学雷锋志愿服务制度化、常态化、长效化[②]。地方政府要制定本地学雷锋长期战略发展规划，进一步完善本地雷锋志愿服务制度细则，加强政策保障。同时，要注重发动和依靠群众，鼓励基层因地制宜、加强创新，充分发挥人民群众的聪明才智，调动人民群众学雷锋的积极性、主动性和创造性。另外，可以设立雷锋奖、雷锋节等，发掘更多当代雷锋、百姓雷锋，加强对正面先进典型的宣传，带领更多的人民群众学雷锋。

（二）强化党建引领，发挥党员模范作用

党员群体是学雷锋的重要领导力量、参与力量。应坚持党中央集中统一领导，强化党建引领。新时代，以雷锋精神推动中国式现代化，必须强化党建引领，将基层党建与为人民办实事做好事结合起来，将主题党日活动与学雷锋活动结合起来。要加强评价考核，将学雷锋活动作为基层党建考核

---

① 黄中平.不断推进雷锋精神时代化 奋力开创学习雷锋新局面[J].新湘评论，2012(21):33-36.

② 黄中平.不断推进雷锋精神时代化 奋力开创学习雷锋新局面[J].新湘评论，2012(21):33-36.

内容之一,将理论学习与学雷锋活动密切结合,知行合一,树立学雷锋典范,发挥党员的模范带动作用。

（三）融入国家战略，积极组织策划活动

政府机关、国有企业、事业单位、社会组织等不同组织主体,要积极融入国家发展战略,结合本单位发展实际,坚持创新思维,积极组织策划有针对性的学雷锋活动。各单位要建立长效常态学雷锋活动机制,提高学雷锋活动的参与性、互动性和群众性。同时,要发挥协同效应,鼓励企事业单位、社会团体、政府机关之间加强合作,开展丰富多彩的创新活动。

（四）从娃娃抓起，加强学校宣传教育

教育系统是传承和践行雷锋精神的重要高地和关键主体,应深入开展学雷锋活动,不遗余力加强学习宣传教育。要从娃娃抓起,将雷锋事迹融入大中小学思想政治教育之中,强化先进典型榜样人物的德育功能。通过征文、演讲、参观雷锋纪念馆等多种方式,加强对雷锋精神的学习,培养学生的社会责任感,发展一批青年志愿者。

（五）加快对外开放，加强文化交流

学雷锋活动要走出国门。要加强雷锋纪念馆等的阵地宣传教育作用,吸引更多外国友人了解雷锋、学习雷锋。要加强对外文化交流合作,借助国际赛事、国际展会等重大活动发挥学雷锋志愿服务的作用,传播中华优秀传统文化,吸引更多外国友人积极参与学雷锋活动,发挥团结友爱互助合作精神,共建人类命运共同体。

《雷锋日记》中的自我批评及其当代价值

杨　涛*

《雷锋日记》是雷锋个人生活和思考的记录，反映了雷锋思想的进步和他对共产主义理想的信念。《雷锋日记》的创作背景是多元的，在时代背景、个人经历、阅读习惯以及社会文化环境等种种因素的交织下，共同塑造了《雷锋日记》的内容和风格。《雷锋日记》记录了雷锋助人的行为，反映了雷锋如何通过自我批评不断反省和提升自己。雷锋自我批评的仪式化，是通过几个关键步骤和实践方式实现的，体现了雷锋对个人行为和思想的严格要求，亦展现了雷锋将革命理想内化为日常生活行动的努力。

一、《雷锋日记》的创作背景

1940年，雷锋出生于一个贫苦家庭。童年时，雷锋历尽艰辛，其家人先后离世，大历史的变幻与小家庭的不幸使得雷锋对解放民众和改善民生的中国共产党产生了深厚的感情。《雷锋日记》中多次提及雷锋的家庭背景和他对中国共产党的感激之情，童年的个人经历为雷锋助人为乐、舍己为人的行为提供了动力和方向。[①]1960年，雷锋加入中国人民解放军，接受了严格的纪律训练和思想教育。军队的集体生活和高标准的道德要求深深影响着雷锋，塑造了雷锋严谨、自律的性格，《雷锋日记》中亦频频提及他在军队中的收获与成长。雷锋深受毛泽东思想的影响，《雷锋日记》中记录了雷锋学

* 作者系香港中文大学历史系硕士研究生，常州三杰纪念馆研究助理。

① 雷锋．雷锋日记1959—1962[M].北京：解放军文艺出版社，1963：12.

习毛泽东著作的心得体会，尤其是关于为人民服务和革命精神的内容，不仅丰富了他的政治理论，亦指导了他的日常行为与个人发展。

青年雷锋生活在社会主义建设时期，国家鼓励人民积极参与国家建设，提倡奉献精神和集体主义，强调个人对国家的忠诚以及持续的自我革命和自我批评。雷锋的行为和思想受时代影响，日记中充满对社会主义建设的热情和对中国共产党的忠诚。[①]雷锋坚持学习，热爱阅读。他的阅读不限于政治理论书籍，亦包括文学作品和历史书籍。阅读拓宽了雷锋的视野，丰富了雷锋的思想。《雷锋日记》中经常引用或提到雷锋从阅读中获得的知识和灵感，表现了他对知识的尊重和渴望。如此之社会和文化环境使得雷锋工作充满活力与干劲，使得雷锋日记充满正面和励志的内容。[②]20世纪60年代，国家大力推崇英雄模范人物，鼓励民众学习他们的事迹与精神。1962年，雷锋去世，雷锋日记广泛传播，雷锋被选为模范人物之一。

二、雷锋自我批评的仪式化

（一）仪式化之方式

雷锋坚持写日记，记录其日常行为和思想，其重要内容之一便是开展自我批评，对照革命标准自省。长此以往，日记成为雷锋日常生活中的一部分。值得注意的是，特定的时间和空间被雷锋安排用来反思一天的工作和生活。雷锋将自我批评安排在特定的时间和私密的空间进行，比如每天晚上的日记时间成为雷锋开展自我批评的时间。康纳顿曾言，仪式是形式化艺术，倾向于程式化、陈规化和重复。[③]夜晚写日记的固定性和重复性赋予雷锋自我批评以仪式性质，这种固定化的实践加强了自我批评的仪式感。此外，无论是在军队抑或工作单位，雷锋均定期参加会议，会议为雷锋提供了一个正式的自我批评空间。会议通常具有一定的形式和程序，如个人发

---

① 贺照田.如果从儒学传统和现代革命传统同时看雷锋[J].开放时代，2017(6):128.
② 贺照田.如果从儒学传统和现代革命传统同时看雷锋[J].开放时代，2017(6):139.
③ 保罗·康纳顿.社会如何记忆[M].上海:上海人民出版社，2000:49.

言、集体讨论、总结等,此种结构化形式使得雷锋的自我批评愈发严肃和系统。特定的时间与空间使得自我批评成为一种独特的精神活动,帮助雷锋从日常生活的喧嚣中抽离出来,进入一种更深层次的思考和反省状态。在与他人的互动中,雷锋亦时常寻求反馈,并将其作为自我批评的依据。雷锋鼓励战友和同事指出他的不足,以便改正。这种对反馈的开放态度和主动寻求改进的意愿,使得自我批评成为雷锋与人交往的一部分,进而仪式化。同时,雷锋注重从书籍、报纸以及党的文件中学习,这些学习经历常常伴随着自我批评,即用所学知识来检视和指导自己的行为。学习与自我批评相结合,形成了一种动力机制,推动雷锋在思想和行动上不断进步。

除在特定时空、交往关系、阅读学习中开展自我批评,雷锋亦在形式与目标上下了一番功夫。例如,雷锋日记常常按照一定格式进行书写,包括工作总结、学习体会、自我批评等部分。此类结构化的记录方式增强了雷锋自我批评的正式性与严肃性,使其更像是一种生活仪式。雷锋在自我批评过程中,亦常常设定具体的改进目标,这些目标通常是具体的和可量化的,有助于实操和自省。设定目标之过程本身便是一项仪式,需要个人对自己的行为进行深入分析,并承诺采取具体措施予以改进。通过这些方式,自我批评成为雷锋生活中不可或缺的一部分,形成了具有深刻意义的仪式。这种仪式化的自我批评促进了雷锋个人品德的提升,亦成为激励他人的重要方式。于雷锋而言,自我批评是行为习惯上的调整与改变,更是思想境界上的洗礼和升华。雷锋通过自我批评来净化思想,确保自己的行为与共产主义理想保持一致。这种精神层面的提升加深了自我批评的意义,使其超越了日常行为的改进,成为一种精神追求和表达。

(二)仪式化之影响

自我批评的仪式不限于文字记录,亦包括内心的深刻反省和思想斗争,这些都是雷锋精神生活的重要组成部分。通过这种方式,雷锋将自我批评提升到了精神修养和自我完善的高度,成为一种心灵净化的仪式。此种心灵仪式要求雷锋定期、系统地开展自我批评,增强了雷锋对自己行为的自觉监督，其正规性和规律性帮助雷锋内化自我批评为一种习惯，从而更有效地识别和改正错误。仪式化使得自我批评成为深思熟虑的过程，而非一时冲动或表面应对，反思的深度和系统性亦有助于雷锋从根本上理解和解决问题，而非临时修正。在自我批评的仪式化过程中，雷锋学会了如何管理自己的情绪和心理反应，如诚实面对自身不足，接受并改进。这种心理调节使得雷锋的自我批评更加客观和具有建设性，减少了自我否定的消极情绪。

在《雷锋日记》中，雷锋的自我批评从最初的青涩逐渐呈现为一项日常仪式。例如，他在日记中记载了对于自己未能做出更多贡献的批评，以及对于处理某些情况不够成熟的反思。这种自我批评不仅存在于私下的思考，亦常常于集体中进行，如在部队的小组讨论中进行自我检讨。雷锋通过这种方式审视自己的行为和思想，确保自己始终保持正确的政治方向和高尚的道德标准。自我批评在雷锋的日常生活中被提升为仪式，是其精神训练的重要组成部分，这种仪式化的实践对增强自我批评的效果具有显著意义，并对集体活动中感染与影响他人发挥着重要社会作用。①

三、雷锋自我批评与改进实例分析

在《雷锋日记》中，雷锋多次记录其如何在日常生活中对自身行为进行自我批评和反省。以下是雷锋自我批评的三个具体实例。

（一）对工作方法的自我批评

面对一次因误会产生的小矛盾，雷锋在日记中写道："据同志们反映说，我工作主观……今天排长给我指出，要我今后办事多和群众商量，注意工作方法。我觉得很好，一定改进……有些反映虽然有出入，但我也很欢迎，今后提高警惕，随时注意。"②同时，雷锋还引用斯大林的话告诫自己，体现出理论与实践相结合。

---

① 王丽娜.雷锋形象之变与学雷锋活动演变——基于近六十年《人民日报》的雷锋报道[J].当代青年研究，2024(2):4.

② 雷锋.雷锋日记1959—1962[M].北京：解放军文艺出版社，1963:50.

（二）对严于律己的自我批评

雷锋在1962年3月24日的日记中记录了一个小小的“锅巴事件”。面对炊事员的提醒，起初雷锋不以为然，但在毛主席语录的感召下，他还是主动更正错误，做出自我批评。[①]由此观之，雷锋在潜移默化的仪式的指引下，使自己的行为更加符合中国共产党员的标准。雷锋亦深刻理解到作为一名中国共产党员，应全心全意为人民服务，这是他自我批评和改正错误的根本出发点。

（三）对服务觉悟的自我批评

雷锋在1962年2月5日的日记中提到一次因玩乐而未能及时想到帮助他人的情况：“我和同志们打了两盘乒乓球，心里觉得有件什么事没做似的。我想了想，每逢过年过节是人们探家和走亲戚的好日子，这个时候也正是各种服务部门和运输部门最忙的时候，这些地方是多么需要人帮忙啊。”[②]雷锋批评自己未能第一时间考虑到人民，导致时间荒废。雷锋在日记中亦表达了自己对幸福的重新认识，并认为助人为乐是自己应尽的义务。

以上三个实例展示了雷锋如何认真对待每一天的生活和工作，更重要的是，显示了他对自我提升的不懈追求。《雷锋日记》中的自我批评不仅是对过去行为的反思，亦是对未来行为的指导，体现了他持续自我革新的精神。通过自我批评，雷锋不断提升自己，成为新中国的精神标杆，这也是《雷锋日记》能够跨越时代、影响后世的重要原因之一。雷锋的自我批评有助于他在心理上维持一种清醒的自我认知，从而及时发现并纠正自己的不足，进而促进个人成长和道德提升，以便更好地服务于人民。同时，这也使雷锋在面对困难和挑战时能保持积极的态度和坚定的信念。

四、仪式化自我批评的当代价值

雷锋的自我批评，即通过自我反省，主动寻找并改正自身缺点和错误的

---

① 雷锋.雷锋日记1959—1962[M].北京：解放军文艺出版社，1963：74.
② 雷锋.雷锋日记1959—1962[M].北京：解放军文艺出版社，1963：66.

行为模式，是其日记中的重要主题之一。在现代社会，这种仪式化的自我批评依然具有重要的应用价值，不仅能帮助个人实现自我完善，亦能在组织中建设开放和诚信的文化，推动社会的全面进步。

雷锋将有限的生命投入到无限的为人民服务之中，体现了对共产主义信仰的追求，与马克思主义中国化相契合，体现了中国共产党人的初心使命和崇高追求。雷锋作为一名优秀的共产主义战士，其自我批评精神体现了党的先进性和纯洁性。在当前社会多元化的背景下，弘扬雷锋的自我批评精神对于保持党的先进性和纯洁性具有重要意义。在推进中国式现代化的过程中，物质文明与精神文明需要协调发展。学习雷锋的自我批评精神，可以帮助人们树立正确的世界观、人生观和价值观，进而促进社会主义核心价值观内化于心、外化于行，增强人们对中国特色社会主义道路的自觉性和坚定性。雷锋的自我批评精神正是实现精神富有的重要途径，弘扬自我批评精神能够促进个人品行修养的提升，从而更好地促进物质文明和精神文明的全面发展。雷锋的自我批评于特定时间和空间实现了仪式化，此种仪式化行为在当代社会仍具有重要价值。学习雷锋的自我批评精神，践行此类日常生活中的仪式化行为，如写日记、开会和冥想等，人们能够重新认识自我。[①]雷锋的自我批评常常表现为一种融于集体中的仪式，有助于提高群体凝聚力，促进个体与集体的有机融合。雷锋的自我批评精神是中国人民共同的历史传统与文化记忆，仪式化场域亦为历史记忆的传承方式。纪念雷锋、弘扬雷锋精神，人们能够更好地理解和珍惜传统。

现代社会的快节奏使得人们常常忙于应对生活中的各种事务，留给自我反省和批评的时间大大减少，在面对错误时更倾向于找借口而非深入反思。在信息爆炸的时代，人们接触的信息量巨大且复杂，很容易受到不同声音的影响，难以形成稳定的自我认知和坚持自我批评的习惯。因此，如何在现代社会中践行自我批评精神，是当前思想政治教育中亟需解决的问题。

自我批评是雷锋提升个人道德和思想的一种重要手段，经仪式化后成为雷锋生活中的重要组成部分，对其影响颇深。在当今社会，自我批评精神仍具有重要的实践意义，可以促进个人和社会的全面发展。

---

① 孙卫华，刘敬．戈夫曼的“自我”传播观:内涵、溯源及启示[J]．当代传播，2023(1):102.

悟雷锋精神 讲中国故事

——从《信念之子:雷锋》看中国话语走向世界的文学路径

薛守瑞*

数千年的中华文化与文明历经沧海桑田依然生生不息,不断延续着中华民族的精神和血脉,始终是世界文明体系中有极强创造力和推动力的一种文明样态。让世界了解中国,是历史和时代赋予我们的使命。“加快构建中国话语和中国叙事体系,讲好中国故事、传播好中国声音,展现可信、可爱、可敬的中国形象”是习近平总书记在党的二十大工作报告中对“增强中华文明传播力影响力”部分的着重强调。的确,中国故事讲述的效果,关乎着中国式现代化生成推进的可能性和有效性。文学是介入社会的一种凭借,亦是反映社会问题的重要路径。文学作品的海外译介是在世界话语体系中建构中国话语最为行之有效的方式。在中国家喻户晓的雷锋精神,无疑是让世界客观、真实、全面地了解中国最好的窗口之一。

一、雷锋精神:一泓源源不断的文艺清泉

60多年前,毛主席亲笔题词“向雷锋同志学习”,在全党全国各族人民间掀起了学习雷锋的热潮。在半个多世纪的历史进程中,雷锋精神成为中国人民内心一面永不磨灭的精神旗帜,深深地影响着在共和国庇佑下和平时期成长的代代青年。习近平总书记在参观抚顺市雷锋纪念馆时曾指出,雷

* 作者系辽宁对外经贸学院通识学院中国语言文学系讲师。

锋精神是永恒的。在中国当代文学中，书写雷锋精神的纪实性作品并不少见，《雷锋日记》是较为客观还原历史现场的第一手资料。《重读〈雷锋日记〉》《续写〈雷锋日记〉》等围绕雷锋日记展开的文学资料补充亦为人们了解雷锋精神注入精神活力。可以说，雷锋精神是一泓清泉，给创作者提供了大量的灵感。对雷锋精神的研读需要文本这一沟通现实与虚构间的载体，对雷锋精神文本的普及与推广，势必能为讲好中国故事提供智识支持。

辽宁籍军旅文学作家胡世宗潜心研究雷锋多年，在雷锋健在时就与“全国写雷锋第一人”陈广生合著过雷锋系列书籍。最新在外文出版社出版的《信念之子：雷锋》生动形象地讲述了雷锋的个人成长经历，以及他所走过的人生之路。书中描写了大量细节，从平凡的日常生活情境出发，在每一件具体感人的普普通通的小事件中，建构起完整而丰满的雷锋形象，彰显雷锋精神的崇高和不凡。通过质朴而精炼的文风，将雷锋精神的本质娓娓道来。雷锋的信念，是共产主义信念，是每一位共产党员宣读入党誓词时的激情和震颤。《信念之子：雷锋》中记载了大量的雷锋与他人对话、共事的情节片段，同时有着大量雷锋心理状态变化的书写。一个人的命运，当然要靠自我奋斗，但也要考虑历史的进程。怀揣着为祖国炼钢的目标从湖南远赴鞍钢，在最美好的年华迈进军营，成为节约标兵、参与雨中护堤、作为少先队的校外辅导员、一生中唱的所有歌曲都是唱给党听……胡世宗笔下的雷锋，和我们每个人没什么本质区别，他有身为普通人的困惑和烦恼，也有在面对选择时的坚定和果敢。《雷锋日记》中写道：“如果你是一滴水，你是否滋润了一寸土地？……在生活的仓库里，我们不应该只是个无穷尽的支取者。”[①]雷锋精神给予了人们无穷无尽的力量，让人们知晓理想信念对于个人命运的重要意义。

二、雷锋精神与中国传统文化的现代转向

雷锋有着助人为乐、艰苦奋斗、忠诚担当、乐观进取的宝贵精神品质，这些美好的词汇亦是中华民族优良文化品格的代名词。文化是一个民族的灵

① 雷锋．雷锋日记[M].北京:中国青年出版社，2019:1.

魂,不同国家和地区,不同民族都有各自的文化。一种昭示着集体、社群意识和精神信仰倾向的文化,通常包含器物、制度和精神三个层面。三者紧密联系,逐步深入。作为文化最高层次的精神层,往往直接触碰问题的本质,抵达无法用话语言说的深度空间,是人类无法轻易直观感受到的部分。雷锋精神是社会主义先进文化的重要组成部分,受到了中国传统文化的滋养。《论语·颜渊》篇中,樊迟问什么是"仁",孔子的回答是"爱人"。雷锋是"仁者",他表现出一种对世界、对社会、对他人的爱。这种爱远超于个人自私、利己之爱的维度,达到一种无法出其右的境界和高度。雷锋关心爱护每一位战友,帮助大爷大娘,将物质所得大部分捐献给社会,而自己的袜子却补了又补。有关雷锋"舍弃小我、成全大我"的记述在《信念之子:雷锋》中比比皆是,读者足以管窥雷锋精神中仁义观念的价值。

在中国的历史长河中,"克己奉公、天下为公"的集体主义观念深入人心。雷锋精神是社会主义先进文化的代表。雷锋精神不仅反映了共产党人以人民为中心的价值归宿,从群众中来、到群众中去,更能反映出中国共产党是历史和人民的双重选择。辜鸿铭在《中国人的精神》一书中曾经指出:"真正的中国人,是过着成人的理智生活,同时具有孩童般纯真心灵的人。而中国人的精神是灵魂和智慧的完美结合。"①在社会转型的过程中,一部分人的理想、价值、信念逐渐迷失,变得动摇、妥协。雷锋精神中涵盖着以仁学为核心的中华优秀传统文化,能够为人的全面发展提供内在动力和精神价值,为中国话语走向世界给予强大的文化自信。

三、雷锋精神海外译介过程中的文化误读

胡世宗在后记中写到外文出版社策划出版《信念之子:雷锋》的用意——向国际社会讲述优秀共产党人的故事,使外国读者能够更好地了解中国共产党人的使命和奉献精神。《信念之子:雷锋》中英文版本同步出版,对在国际社会上传递中国声音极具时代意义。中国话语走向世界的过程并非一帆风顺、一蹴而就,而是螺旋式上升的过程。举例来说,雷锋一直想成

① 辜鸿铭.中国人的精神[M].孙永,译.长沙:湖南人民出版社,2022:5.

为一个“螺丝钉”一样的人，他认为“甘当螺丝钉的人，是属于那些为共产主义自觉奋斗的人”[①]，尤其是听了被原沈阳军区授予“一颗不生锈的螺丝钉”称号的战友刘思乐的解释后，有了更为深入的理解和感受。在强调个人主义至上的西方话语体系里，很容易将螺丝钉视作和齿轮一样的机器上面的工具。作为一种工具性存在，势必会严重剥夺并削弱人之为人的主体性，产生一种被压抑、并非主动生存的感受和想法，这就与雷锋甘当螺丝钉的本意存在巨大的文化误读。雷锋心中的螺丝钉，并不是被规训后的工具，而是一种精神境界、一种价值追求。强调每个人都做好本职工作对中国社会发展的贡献。不是做一颗没有主体性的螺丝钉，而是做有主见、在工作过程中肯转变思路的灵活的螺丝钉，善于在不同条件下钻研，将个人更好地熔铸进集体的未来发展之中。在世界语境下理解螺丝钉“党把我们放在哪里，就要在哪里起作用”的奉献精神确实是有一定难度的，需要学者们结合源语国和对象国之间的文化差异，更为深入地理解不同民族的文化品格。雷锋常常说自己是“傻人有傻福”。在西方词汇中，“傻”往往意味着愚蠢、笨拙，而在中国文化中，很明显，这是作者表达雷锋的自谦。

讲好中国故事，不能只是将关注点集中于故事的叙述，更应该关注听者的接受度。一个完整的传播过程，必定是主客体双方在一定媒介下的互动和交流。译介是推动中国话语走向世界的必然之路。莫言获得诺奖，与葛浩文对小说进行似二度创作般的翻译是密不可分的。在雷锋精神海外译介传播的过程中，译者必须不断寻求突破，寻找更合适的文字作为媒介，把原汁原味的原文带到读者面前。这件事情任重而道远，需要翻译工作者不断地努力。

四、走向世界的雷锋精神

在学界关于雷锋及雷锋精神研究的过程中，需要尽量避免历史虚无主义与过度理想主义的倾向，要尽可能客观真实地还原真实的雷锋形象。要去除神化雷锋思维，正因为雷锋与我们普通人一样，所以身处各行各业的

① 胡世宗.信念之子：雷锋（中文版）[M].北京：外文出版社，2021：246.

我们才有学习他、成为他的可能。雷锋精神是中华优秀传统文化和马克思主义结合的实践产物,是全人类共有的宝贵的精神财富。雷锋是信念之子,是时代之子,是人民之子,也是光之子。我们要响应习近平总书记“把雷锋精神广播在祖国大地上”的号召,雷锋精神永不过时。《信念之子:雷锋》正是以纪实文学的独特魅力,为我们探索出一条推动中国话语走向世界的全新路径。

后 记

雷锋是中华大地家喻户晓的榜样人物,雷锋精神是中华民族宝贵的精神财富,蕴含着人类共同的价值追求,亦是促进世界文明发展的宝贵精神财富。自20世纪60年代毛泽东同志亲笔题写“向雷锋同志学习”以来,学雷锋活动至今已走过60多年波澜壮阔的历程,一代又一代中华儿女将雷锋精神广播在祖国大地上并播撒至世界各地,雷锋精神日益展现出感动中国、影响世界的磅礴伟力。为深入研讨雷锋精神的世界意义,深化拓展雷锋精神在世界范围的传播与践行,2024年3月13日,中共湖南省委宣传部、湖南省外事办、湖南省社会科学院(省政府发展研究中心)作为指导单位,中共长沙市委宣传部,中共长沙市望城区委、区政府,雷锋杂志社在湖南长沙共同主办了以“雷锋精神走向世界”为主题的“2024雷锋精神论坛”。

论坛期间,来自全国各地及各行各业的学雷锋先进集体和先进个人代表,青少年学生和留学生学雷锋优秀代表,湖南省援外教育、医疗、科技、建设等行业海外践行雷锋精神的代表,全国研究雷锋精神的知名专家学者以及论坛优秀论文作者代表等150余人共聚一堂,围绕论坛主题深入开展交流研讨,在雷锋精神属于世界的价值内涵、雷锋精神走向世界的历史必然、雷锋精神走向世界的实践路径等方面取得丰硕的成果。湖南省社会科学院(省政府发展研究中心)、中共长沙市望城区委、湖南省雷锋精神研究会及望城区雷锋精神研究会特组织将本次论坛成果集结出版,以飨读者。

感谢各行各业的学雷锋先进集体和先进个人代表,以及来自广大高校、科研机构、政府机关、企事业单位、雷锋精神研究会的研究人员踊跃参会与积极赐稿。因篇幅有限,本论文集仅精选一小部分论文收录其中。在此,谨对论文未能收录的作者深表歉意!感谢湖南省社会科学院(省政府发展研究中心)原副院长(副主任)、湖南省雷锋精神研究会副会长兼秘书长贺培育,湖南省雷锋精神研究会副会长杨艳雄对论文集的指导!

因水平有限,本论文集难免存在疏漏之处,诚盼读者批评指正。

编者

2025年5月

图书在版编目（CIP）数据

雷锋精神走向世界 ：2024 雷锋精神论坛论文集 / 秦国良，伍新林主编. -- 湘潭 ：湘潭大学出版社，2025.5. -- ISBN 978-7-5687-1752-6
Ⅰ. D64-53
中国国家版本馆 CIP 数据核字第 2025NF1702 号

雷锋精神走向世界——2024 雷锋精神论坛论文集

LEI FENG JINGSHEN ZOUXIANG SHIJIE——2024 LEI FENG JINGSHEN LUNTAN LUNWENJI

主　编:秦国良 伍新林
副主编:陈 旷 刘宏伟 谢文凤

策划编辑： 罗 联
责任编辑： 罗 联
封面设计： 张博雅
出版发行： 湘潭大学出版社
社　　址： 湖南省湘潭大学工程训练大楼
电　　话： 0731-58298960 0731-58298966（传真）
邮　　编： 411105
网　　址： http://press.xtu.edu.cn/
印　　刷： 长沙超峰印刷有限公司
经　　销： 湖南省新华书店
开　　本： 710 mm×1000 mm 1/16
印　　张： 14
字　　数： 229 千字
版　　次： 2025 年 5 月第 1 版
印　　次： 2025 年 5 月第 1 次印刷
书　　号： ISBN 978-7-5687-1752-6
定　　价： 68.00 元